これからの競馬の話をしよう

藤沢和雄
Fujisawa Kazuo

小学館新書

はじめに

　私が調教師になった昭和の終わり頃は、ちょうど戦後何回目かの「競馬ブーム」だった。オグリキャップとタマモクロスの芦毛対決が話題になり、武豊騎手という大スターが登場、1988年に2兆円を突破した売得金額（馬券の売り上げ）が、90年には早くも3兆円に達した。

　競馬場の入場人員も増えはじめ、90年のダービーでは東京競馬場に19万人が集まり、95年には年間1400万人を超える。売り上げも97年には4兆円を超えた。競馬場に来る熱心なファン、長く競馬を楽しんでくれているベテランギャンブラーだけでなく、JRAのコマーシャルなどに感化された若い人も増えているように思った。

　しかしその後馬券の売り上げは、日本経済の停滞を反映するかのように年々減少傾向を辿り、2011年には2兆2000万円台、ピーク時の半分近くにまで落ち込んだ。だが、その後は持ち直し、現在は3兆円ほどにまで戻ってきた。

この間、サンデーサイレンスという種牡馬が輸入され、その子供たちが次々と大レースを勝つようになり、引退して種牡馬となっていった。ブライアンズタイムもクラシック三冠馬ナリタブライアンを送りだすなど、サンデーサイレンスのライバル種牡馬として競馬界を盛り上げてくれた。

日本で調教されたサラブレッドも世界に通用するようになり、海外へ出かけて結果を残せるようにもなった。

私は競馬のとてもいい時代に調教師として携わることができたと思っていた。

ところが定年間際の2020年から、新型コロナの影響で競馬場はほとんど無観客になってしまった。今後競馬がどうなっていくのか想像すらできなくなった。もちろん売り上げにも響くだろうと思った。

ところが、世間の他の産業が停滞し混乱するなか、競馬だけはコロナに負けることがなかった。ＪＲＡがコツコツとネット投票のシステムを構築し、ファンに呼びかけていた努力がものをいった。ネットで馬券を買う人が多かったおかげで、売り上げも前年比プラスだと聞いてびっくりした。

競馬関係者のひとりとしては感謝するしかないのだが、ある意味面白い現象だと思った。もともと競馬が好きだった人は、すでにネット投票会員に加入しているだろうから、新しい人たちが、競馬を始めたということなのだろう。それも新しいやり方で。

いまは〝ながら族〟なんて言わないのだろうが、何か仕事をしながら競馬をラジオで聴くとか、家族と一緒に過ごしながら競馬も見るとか。あるいはレースは見ないで、結果だけで当たったとか外れたとか確認する人も出てきたのかもしれない。競馬場へ行ってしまうと他のことができないけれど、ネットならばできるわけだ。

とにかく競馬の楽しみ方が変わったし、楽しむ人のパターンも変わってきた。年齢層に関わらず、いままで競馬をやっていなかった人たちがやるようになってきたのだと思う。

競馬も新しい時代に入ったのだから、定年で調教師をやめた私の言うことをいちいち聞いていただかなくてもいいんだけれど、古いつきあいのしつこい編集者が何か言い残してほしいという（笑）。

そこで常日頃から思っていること、考えていることをざっくばらんに伝えることにした。

私の願いはこれからも長く競馬を楽しんでほしいということだ。

これは馬券を買ってくれるファンだけではなく、日本競馬を支えている馬主さん――いわゆるクラブの会員さんやペーパーオーナーゲーム（ＰＯＧ）で楽しんでいる人も含めて――や、競馬に携わる若いホースマンにもお願いしたい。

競馬を楽しんでほしい。

馬という動物を大切な友人だと思ってほしい。

だから競馬で走る馬にも楽しんでほしい。

私の座右の銘に「Ｈａｐｐｙ　ｐｅｏｐｌｅ　ｍａｋｅ　ｈａｐｐｙ　ｈｏｒｓｅ――幸せな人間が幸せな馬をつくる」というのがあるが、馬が幸せになれば、そこにいる人間も幸せになれるはずだ。

これからの競馬の話をしよう

目次

第1章

「競馬新時代」の楽しみ方

コロナ禍を乗り越えた今年のダービー

2022年のダービーはコロナに打ち勝ったことを象徴するようないいレースだった。天気もよかったし、お客さんも6万人以上入った。JRAのコマーシャルも効いたのか、初めて競馬場に来たという若い人が多かったようだ。そういう人たちにとっては一生忘れられない経験になったのではないだろうか。

今の若い世代はゲームなどで競馬という競技に親しんできているけれど、やはり生でサラブレッドのレースを観たら感動するだろう。蹄《ひづめ》がターフを蹴る音や馬の背を鞭《むち》で叩く音が響き、ジョッキーの息遣いや勝った時の雄叫《おたけ》びまで聞こえる。住宅街の真ん中に広いスペースがあって、そこで馬が速さを競っているというのは、非日常の最たるものだ。

かといって昔の馬券オヤジみたいに、赤ペンを耳に挟んで難しい顔して競馬新聞とにらめっこしながら、パドックとコースを行ったり来たりしているだけじゃない。レース中なのに売店に並んでいたり、モニターの前に座り込んで酒盛りしたりしながら、それでも十分楽しんでいる。ターフィーショップ（売店）には入店を待つ長い行列ができていて、みなぬいぐるみやキャラクターグッズを手に取っている。

昔と違って競馬場内はきれいになってすごく便利がよくできている。スタンド内は天井が高くて明るい。レストランやカフェもたくさんあるし、トイレだって何か所もあってとても清潔だ。ゴミ箱もあちこちにあるので、散らかっていることもない。環境もよくてスタンドから緑の広い競馬場を見ていると気分も爽快になることだろう。

しかも入場料はたったの200円。馬券を買わなければとても安くつく。昔はおっさんばかりで怒号が飛び交ったり、石を投げたりとかあったけど、そんなことは今の時代には見かけなくなった。

くわしくは知らないのだが、ここにきての競馬熱の高まりには「ウマ娘」というゲームの影響もあるらしい。なんでも、ゴールドシップやスペシャルウィークといった昔の有名な馬の名前の女の子が競走をするのだとか。確かに馬の名前というのは何かしら意味があって、美しい響きを持っている。おまけにそれぞれがその馬なりの特徴やドラマを持っていると聞いた。タイキシャトルやシンボリクリスエス、ゼンノロブロイも出てくるというから、少し見せてもらった。タイキシャトルはちゃんと「アメリカのケンタッキー生まれ」となっているんだから大したものだ。

名馬の名前の娘さんが競走するゲームなんて、ずっと競馬界にいる人間には思いつかない。ある意味、お金を儲けたいとばかり思っている馬券オヤジより、競馬というスポーツをエンターテインメントとして楽しんでいるともいえる。これがきっかけで若い人たちが昔の名馬のことを調べて知ってくれれば、難しい本なんか読むよりもスーッと入ってくる。血統表にその名前を見つければ、応援にも気合が入るというものらしい。

そして、その「ウマ娘」を仕掛けた会社の社長が馬主になって、高い馬を何頭も買って本物のレースに出すんだから、こんなドラマチックなことはないではないか。

ゲームといえばいまから30年ぐらい前に「ダービースタリオン」というのがあった。私のことを「藤枝厩舎」とかいっていたんじゃなかったかな。あのゲームがきっかけで騎手や厩務員になった子もいるし、牧場で働くようになったという話も聞く。ゲームを開発した人もオーナーになったし、あれで血統の勉強をしたという有名オーナーもけっこういる。私の子供もやっていて、「藤沢厩舎のようにやればいい馬ができるぞ」と言ったら、「お父さんは甘いよ。それじゃ太くなっちゃう。馬なりじゃダメだよ、もっと強めの調教しないと」などと言われてしまった（笑）。

いずれにしろ、競馬はゲームとは相性がいいのかもしれないし、それで競馬ファンが増えるならけっこうなことだ。

身近な動物といえばこれまでは犬や猫だったが、競馬場に来ればいつでも馬に会える。そんなことでギャンブルの対象としてだけじゃなく、馬を好きになってくれる人も増えてくるのはうれしいこと。「馬がかわいいから競馬場に来る」だけでもいいじゃないか。

高級そうなカメラと長いレンズを持って、ずっとパドックの周りにいて写真を撮っているアマチュアカメラマンも多い。パソコンで整理して楽しんだり、SNSとかに投稿したりするのだろうか。馬を撮っている人もいれば、騎手ばかり狙っている人もいるそうだ。

なかには誘導馬のマニアもいるらしいが、残念ながら調教師はあまりお呼びじゃないとか。本音を言えば馬券もしっかり買ってほしいけれど、これも昔では考えられなかった。

いろんな角度からいろんな人たちが楽しんでくれるおかげで、競馬が成り立っていく。これだけ大きな催しだからお金もかかるわけで、主催者（ＪＲＡ）は大変だろう。イギリスやフランスはスポンサーがつくようになったけれど、日本は馬券の売り上げが基本になって運営されている。これは本当に素晴らしいことだ。

ドウデュースは日本競馬の未来の象徴

今年のダービーで武豊君が乗ったドウデュースはすごく強い。２歳のマイルＧⅠ朝日杯フューチュリティステークスを勝った馬が翌年ダービー馬になったのは、１９９４年のナリタブライアン以来。90年のアイネスフウジン、92年のミホノブルボンも朝日杯を勝ったダービー馬だけど、当時は2歳チャンピオンがクラシックで結果を出すのは当然のことと思われていた。早くからレースに使えて丈夫な馬が強い馬だったのだ。

しかし近年は路線も多様化して、ダービーはむしろ２０００ｍのラジオたんぱ杯とか、

GⅠに昇格したホープフルステークス組が有利といわれていた。

マイルの朝日杯を勝つということはスピードの絶対値が違う。その馬が２４００ｍのダービーを勝ったことに意義がある。マイルを使うと掛かりグセが付くなんて言われたけれど、持って生まれたスピードは絶対。２歳時にマイルを1分33秒５で走った馬が、３歳で２４００ｍを２分21秒台で走ったというのはすごいことなんだ。たとえ凱旋門賞で勝つことができなくても、種牡馬としては成功すると思う。

アメリカでも最初は１２００ｍとか１４００ｍの、しかもダートを使ってスピードがあることを証明しながらケンタッキーダービーに行く馬が多いし、その後種牡馬としても成功している。サンデーサイレンスだってデビューから４戦目までは６・５ハロン（１３００ｍ）のレースばかり使っていた。

ダービーで2着に入ったイクイノックスはキタサンブラックの初年度産駒。キタサンブラックが勝ったのは長距離戦が多かったから、一部では種牡馬としてはどうなのかなんて言われていた。実は私もそう思っていたのだが、社台スタリオンステーションに入ったことで、いい繁殖牝馬にも恵まれて資質が受け継がれた。なにしろ父のブラックタイドは両親ともディープインパクトと同じなのだから血統的に問題はない。しかも母の父は日本有数のスプリンターであるサクラバクシンオーだ。キタサンブラックが春の天皇賞やジャパンカップを勝ったのも、スピードの裏付けがあったということなのかもしれない。

ウチの厩舎にも最後の年にラスールというキタサンブラック産駒が入ってきた。お兄さんが阪神大賞典や日経賞を勝っているステイヤータイプのシャケトラだったけれど、それにスピードが加わったような印象で早いうちに2勝目をあげた。

3着のアスクビクターモアはディープインパクト産駒。ディープインパクト産駒は、もうそれほど頭数が多くないはずなのに、ダービーには5頭が出走してきた。そしてその翌週の安田記念はディープインパクトの後継種牡馬キズナの産駒ソングラインが勝った。

武豊騎手とディープインパクト

いまの競馬ファンは何十年に一度というスターを目《ま》の当たりにしている。若手騎手が新人時代に少し勝つと「武豊二世」なんて言われることもあった。でも武豊騎手のレベルはそんなものじゃない。いい馬ばかりに乗っていたと言う人がいるけれど、それを勝たせることは本当に難しいんだ。

お父さんは関西で初めて1000勝を記録した名騎手・武邦彦。「ターフの魔術師」なんて言われていた。あのトウショウボーイの主戦を務め、ロングエースやタケホープ、キタノカチドキなどで重賞を80勝もしている。調教師になってからもバンブーメモリーなどを育てた。それだけでもすごいのに、その息子がその4倍も勝つし、その弟の幸四郎君はジョッキーとしてだけでなく調教師としても活躍している。

武豊君の存在がなければ、日本の競馬人気がこれほど持続することはなかった。中央競馬で通算4500勝とか重賞350勝、うちGⅠが79勝なんて、本当に信じられない数字だ。なにしろ36年間、毎年重賞を勝っている。

所属は関西だけど、藤沢厩舎の馬でも、ダンスインザムードで桜花賞を、シンボリクリスエスでダービートライアルの青葉賞を勝つなど22勝もしてくれている。スティンガーの京王杯スプリングカップ（GⅡ）や、カジノドライヴのデビュー戦にも乗ってもらった。

しっかり勝ってくれるだけではなく、馬に対するジャッジもすばらしい。シンボリクリスエスが青葉賞を勝った時、レースを終えて帰ってきた豊君は「この馬、秋になるとよくなりますよ」なんて言う。こっちはダービーだって狙っているつもりだったのだ。そのダービーでは豊君がタニノギムレットに騎乗して圧勝、シンボリクリスエスは、きっちり1馬身離されて2着だった。悔しかったけれど、なるほど、トライアルでやっと権利を取るようではダメなんだということを思い知らされた。

でも彼が言ったように、シンボリクリスエスは秋になって強くなり、天皇賞・秋と有馬記念を勝つことができた。馬の能力をしっかり把握できる才能に舌を巻いたものだ。

もう53歳になったが、海外経験も豊富でとにかく場慣れしている。今年のダービーも直線でクリストフ（ルメール）のイクイノックスが差してくるんじゃないかと一瞬思ったけれど、そこからスッと離すタイミングが絶妙だった。

その豊君が13戦すべてに乗って12勝（JRAのみ）というのがディープインパクト。あれだけ負けない馬なんてそうそう出てくるものじゃない。

ディープインパクトの牝系はもともとイギリスの女王陛下の持ち馬から出た血統。お母さんのウインドインハーヘアは重賞を勝って繁殖にあがったけれど、最初の子が走らなかった。それで日本に来ることになったのだが、その前にアメリカに寄ってシーキングザゴールドの子を産んでいる。これが私のところで走ったレディブロンド。その他ウッドマンやデインヒルを付けた後来日し、サンデーサイレンスと出会うことができた。相性がよかったのか、最初の子がキタサンブラックの父であるブラックタイド。次がディープインパクト。その下のオンファイアも種牡馬として活躍馬を出している。

ディープインパクトは種牡馬になってからも初年度産駒からGI馬を出したけれど、これもそうそうあることではない。自らも三冠馬になっていて、さらにジェンティルドンナとコントレイル、牝と牡両方の三冠馬を出した。すでにGI馬を出したキズナやリアルインパクト、重賞勝ち馬を出しているミッキーアイル、今年産駒がデビューしたサトノダイヤモンド、リアルスティールなど後継種牡馬も30頭以上出てきている。

残念ながら3年前に亡くなってしまったが、これだけ後継種牡馬がいれば、その血は受け継がれていくだろう。こんな馬はこれまで日本には登場してこなかった。

古くからの競馬ファンは、シンザンがすごかったとかテンポイントが強かった、オグリキャップが速かったというけれど、種牡馬としての成績を含めたトータルではディープインパクトにはとうていかなわない。

ファンは世代交代ではなく異世代交流を

競馬ファンの年齢層がどうなのかというのは、数値で分かっているものはあまりない。これまではＪＲＡが競馬場やウインズに来た人からアンケートを取るぐらいだったようだ。それによれば、１９９１年の来場者の平均年齢は42歳ぐらい、世代の中でもっとも多かったのは20代。それが２０１４年では平均が56歳になり、20代の来場者は５％を切り、逆に60代が45％にもなっていたという。たしかに「老後の楽しみ」としては頭も使うし、パドックとスタンドを行き来するから運動にもなるだろう。お金もある程度自由に使えるのかもしれない。

しかしコロナ禍で競馬場は無観客、ウインズも入場できなくなると、投票はネットだけになった。遊び場が少なくなってきたことで、ネット投票というツールを見つけて嵌《はま》ったため、馬券を買う年齢層は自然に若返っていったのだろう。

今の70代や60代は、若い頃に経済成長やバブルを経験しているけれど、若い世代は日本経済が停滞気味の時代を生きてきた。だから、お金の大切さをよく分かっていて、ギャンブルで身を持ち崩すとか、お金をどんどんつぎ込むなんていう人は少なく、限られた範囲での楽しみ方が上手だ。

競馬も一攫千金を狙おうなんていうのではなく、ワイワイ言いながら楽しんで、たまに飲み代ぐらい儲かればいいというところではないか。年寄りが思っているより、ずっと堅実だと思う。彼らが彼らなりの楽しみ方で競馬を育てていってほしい。

もちろん昔の競馬オヤジだって、ずっと馬券を買ってくれていたんだから大事。JRAもその辺は分かっていて、ダービーの日も長澤まさみさんをプレゼンターにしただけじゃなくて、石川さゆりさんに国歌を歌ってもらったじゃないか（笑）。

「ベテランの競馬ファンは、若い競馬ファンが増えたことをプラスに考えてほしい。「お前らに競馬の何が分かるんだ」なんて突き放さないで一緒に楽しめばいい。競馬の話をしていれば世代の壁なんて簡単に乗り越えられる。たまには昔大穴を当てた自慢話だってすればいい。若い人は「また始まった」なんて言いながら、それでも同じ競馬仲間だから聞いてくれるかもしれない。これまでは、だらしない格好でつっかけ履いてきたおじさんも、少しはおしゃれして来るようになればいいじゃないか。第一、売り上げが増えて競馬初心者が多ければ、百戦錬磨のベテランギャンブラーはより高配当に与《あずか》れるはず。もちろん、当たれば、の話だけど（笑）。

私が1977年に留学先のイギリスから帰ってきて思ったのは、日本の競馬場はなんて騒々しいんだろうということだった。歓声をあげたり、大騒ぎしたりすると馬は驚くじゃないか、もっと静かに競馬を楽しめないものかと思った。でも、馬はその国の競馬場にどんどん対応してくる。私なんかパドックでヤジられるとカチンときた。でも強い馬は周りが大騒ぎしても平気だった。

イギリスなんかは山の中でいつスタートしたかも分からないようなところから、静かな丘の上を走ってくる。直線に入ってやっと「あ、来たぞ」って感じ。馬券なんかは二の次、競馬場は上流階級の社交場だ。

でも、それじゃあダメなんだ。その国その国の競馬場に合うようにならなければいけない。人間は時間がかかるけど、馬はちゃんとそれに順応してくる。古馬になればスタートのファンファーレや歓声にも慣れてくるから大したものだよ。

メディアは「予想」よりも情報提供を

そのためには競馬メディアの役割も大きい。競馬新聞や開催当日のスポーツ新聞は予想ばかりが幅を利《き》かせている。グリーンチャンネルでも、パドック解説の後に推奨馬を言わせたりしている。主催者サイドがオススメの馬を言うなんておかしいじゃないかという意見もあるけれど、それほど当たらないからいいんだよ（笑）。

あれがバシバシ当たったりしたら（そんなことはあり得ないけれど）、それこそ裏があると疑われる。新聞の予想も同じ。誰それはいつも必ず当たるなんてことはないから、公正に行なわれているという証明になっている。そもそも競馬の予想をやっている記者が大金持ちになったなんてきいたことがない。当たった時だけ翌週の紙面で大きくアピールして、外れた時は知らんぷり。勝てば官軍という世界だ。

もちろん特定の記者のシンパというファンがいてもいい。でも予想の通りに買ってしまうというのは、都合のいいデータだけを頼りにしたり、読む側になるほどと思わせてしまう文章の上手さだったりするものだ。テレビやラジオの解説だったら、しっかりした理論に基づいた、思い入れのこもった話術なのではないだろうか。私でもたまに解説を聞いて、「ああそうか、なるほどあの馬はよさそうだな」って思ってしまうことはある。でも、結果は違うことが多い（笑）。

大事なのは情報。毎週毎レース買うような馬券ファンは情報が欲しい。記者はトレセンに入ることができて、調教や普段の様子を見ているのだから、競馬場に通うことだけしかできないファンよりは、やはり馬を見る目に長《た》けている。だからこそ、そこで得た情報をファンに惜しみなく出さないとダメだ。コロナ禍で厩舎回りなどが制限されていて、共同取材でどこからも同じ情報しか出なかったりしたけれど、それでも普段馬を見ている目で得た情報はきっちりファンに伝えてほしい。

これまでのレースぶりからの分析だけではなく、追い切りの時に調教師の指示と違ってしまったとか、厩舎に帰ってきた時ちょっと疲れ気味だったとか、調教助手の表情が曇っていたとか、朝なかなか馬房から出ようとしなかったとか……ほんのちょっとしたことでもレースには影響してくるのだから。その後の取材がしにくくなるから厩舎にとって都合の悪い情報は出さないなどということがないようにしてほしい。

もちろん厩舎もそんなことを責めてはいけない。調教師自身も取材には協力的になっていかなければならない。

それを採用するかしないかはファンの自由。一人一人のファンが自分の得意な分野の情報を分析して、独自の買い方をすればいい。でも、しっかりした情報がなければ馬券検討もできないし馬券も買わなくなる。

もともと走るのは馬で、どれが勝つかを当てるというゲームだから、当たらないのは競馬予想だけじゃない。かつて枠番連勝しか売っていなかった時代には、同枠取消の対策として、JRAが強そうな馬を単枠指定にしていたりしたけれど、それでも勝たないことだってあった。調教師だって他のメンバーを見てこれは間違いなく勝てるなと内心思っていても惨敗することがしょっちゅう（笑）。単勝1・5倍なんていう馬が、あっさり着外に負けてしまうこともよくある。

より楽しむために歴史やデータを調べてみよう

今のファンは日本の競馬史で最も活躍している馬の子たちや騎手を生で見られるのだか

ら存分に楽しんでほしい。馬券が当たる当たらないだけではなく、いろんな楽しみ方をしてほしい。そのためには競走馬の過去の歴史やデータを知ること。それが競馬の楽しみを支えていくのは間違いない。昔の話なんて面倒くさいかもしれないけれど、知れば面白いし、レース結果やその馬の活躍ぶりに納得できることがたくさん出てくる。知ったかぶりをするよりは、知ってほしいと思うのだ。

たとえば今年の天皇賞・春（３２００ｍ）と宝塚記念（２２００ｍ）を勝ったタイトルホルダーという馬。お母さんのメーヴェというのは、現役時代に札幌の２６００ｍを勝っている。そのお父さんのモチベーターは英国のダービー（２４００ｍ）を勝っている。さらにそのお父さんのモンジューはアイルランドダービーや凱旋門賞（ともに２４００ｍ）を勝っている。つまりヨーロッパのタフな長距離競馬をこなしているということだ。

それでお父さんのドゥラメンテはキングカメハメハからサンデーサイレンス、トニービン、ノーザンテーストと日本競馬を発展させた種牡馬が全部入っているからスピードもある、だから２２００ｍで2分10秒を切るような速いタイムで走り抜けることができたんだ、ということが納得できる。

スピード競馬といえば、7月のCBC賞ではテイエムスパーダが1200mで1分5秒8というとてつもない日本レコードで勝った。斤量48キロとはいえ新人ジョッキーの今村聖奈さんが外連味《けれんみ》なく逃げたことでよりスピードが発揮できた。

この馬のお父さんはレッドスパーダといって藤沢厩舎で7勝をあげてくれたけれど、GⅠではNHKマイルカップの2着が最高。1200mでの勝ち星はないが、1400mのGⅡ京王杯スプリングカップと1600mのGⅢを2勝しているスピード豊かな馬だった。そのお父さんはやはり藤沢厩舎にいたタイキシャトル。彼はフランスのジャック・ル・マロワ賞や安田記念、マイルチャンピオンシップを勝っているけれど、1200mのスプリンターズステークスも勝っている。そのスピードが受け継がれたのだ。

競馬場で馬を見ただけでひらめくこともあるだろうが、やはりある程度「過去」のことを知っておいた方がいい。なかでもブラッドスポーツというだけあって、「血統」を意識してほしい。そこでは長年競馬に携わっていた人間でも気がつかなかったことを発見することがある。それも競馬の楽しみの大きな要素だ。

第2章 競馬の「システム」と「ルール」

強い者だけが生き残れる

この章では競馬という競技が基本的にどういう「システム」と「ルール」で行なわれているかをお話ししようと思う。知り合いの競馬ファンに聞いたところ、ようやくコロナが一段落し、競馬場にもお客さんがかなり入れるようになったが、そこには明らかに新しく競馬を始めようという人たちがいたとのこと。競馬場の雰囲気を楽しんでいる様子や馬に対する愛情が伝わってきてうれしくなったという。

しかし、パドックなどでの会話を耳にすると、「え、そんなことを知らないのか？」というやりとりがあったそうだ。

もちろん競馬の楽しみ方はさまざまだが、最低限のことは知っておいた方がいい。ということで、編集者と相談してこの章を入れることにした。年々新しいルールができたり、改められたりしているが、ある程度競馬キャリアのある人はこの章は読まなくてもいいかもしれない。また微に入り細に入り書いていくと本1冊分ぐらいになってしまうため、きわめて分かりやすく単純にまとめてみた。例外的なことについてはあえて触れていないので、そのつもりで読んでいただきたい。

大前提として競馬にはJRA（日本中央競馬会）が主催する中央競馬と地方自治体が主催する地方競馬とがある。中央競馬は基本的に毎週土日の開催、地方競馬は平日やナイターで行なわれることもあるが、ここでは中央競馬の話にしぼっていく。

昔と大きく変わってきたのは、強いものが生き残り、弱いものは早い時期に去らなければならないという考え方だ。プロスポーツの世界ではいたって当たり前のことだが、かつては競馬に出走する馬がなかなか集まらない時期もあって、勝ち切れないような馬にもさまざまな〝救済策〟が施されていた。それがここ10年ほどで次々に改められてきている。中央で走らせたいという馬が多くなりすぎたことが一因だ。

中央競馬でずっとレースに出続けるためには、少なくとも1勝はしなければならないのが基本。一つも勝てていない馬のためにあるのが「未勝利戦」だ。11月といえば東京競馬場や京都競馬場で華々しいGIレースが毎週のように行なわれるが、その陰で福島競馬場でも競馬が行なわれている。こういうのをローカル開催というが、かつては秋の福島開催では敗者復活戦のように未勝利戦ばかりが組まれていた。1日12レースのうち9レースが3歳未勝利戦だった日もあった。つまり、ここでなんとか一つ勝てば中央競馬の世界に生き残れるよということだ。素質はあるのに故障などでデビューが遅れたような馬も、ここで勝ち上がることができたりした。

しかしいま3歳馬は9月初めの未勝利戦までに勝たなければ、その時点で中央競馬での登録をとりあえず抹消するしかない。それまでに行なわれる3歳未勝利戦でも、5着以内に入らなければ次のレースになかなか出られない。今回2着だったので次は勝てるだろうと油断をして6着以下になると、1か月ぐらいは出られなくなる可能性が高い。馬の頭数も増えたので1つ勝って生き残りたいという馬たちが大勢いるわけだ。一世代で1勝をあげられる馬はおよそ3割程度といわれている。つまり3頭に2頭は3歳の9月までに、戦いの場から降りなくてはならない。たとえ1勝しても、早いうちに2勝、3勝目をあげていかないと、年下の勢いのある馬と走らなければならず、そこで上位に入れないようだと、もう居場所がなくなってくる。弱き馬は去れ、という空気が年々強くなっているのは確かなようだ。

競走馬にとっての「出世の階段」

1つ勝つごとに「1勝クラス」「2勝クラス」「3勝クラス」「オープンクラス」とレースのレベルも上がっていく。だから前走で勝っているから強いだろうということではない。勝った馬は一段上のクラスで走ることになり、相手が強くなるので「連勝」というのはなかなか難しい。オープンクラスになるまでは、1着にならなければ、次のステップには進めない。だからこそ、1着になった時の喜びは大きい。

1つ勝つごとにレースのレベルだけではなく賞金も上がっていく。競馬新聞には1着から5着までの賞金しか書かれていないが、実際は9着馬（1着賞金の3％）までに与えられる（1～5着は本賞金、6～9着は出走奨励金という）。その他すべての出走馬には44

万～46万円の特別出走手当が交付される。

競馬場に行くとだいたい午前中は未勝利戦で、午後のメインレースに近づくごとにレベルは上がっていく。「3勝クラス」を勝つと「オープン馬」。ここまで上り詰めれば誰もが認めるエリート。「オープン（クラス）」というレースだけでなく、賞金が高くなる「重賞」レースにも出られるようになる。

重賞はレース名に「第X回」とついており、その日のメインレースとして組まれる。その勝者はきっちり記録され後世に残る。その馬だけでなく、母や弟妹など近親馬の価値を高めてセリなどでアピールされる。重賞は距離やコース別の各ジャンルに分かれており、レベルの高い順にGⅠ、GⅡ、GⅢとなっている。GⅠレースは全部で26あり、勝てばそのジャンルの頂点に立ったといえる。

GⅠに出るためにはオープンクラスに上り詰めるだけでなく、出走権をかけたトライアルレースやGⅡ、GⅢといった重賞レースで結果を残して賞金を積み上げていかなければならない。

ただし、毎年6月からデビューする2歳馬の場合はまだレース数も勝ち上がっている馬も少ないため、1、2勝しただけで重賞レースに出られることがある。古馬の重賞にくらべれば賞金は高くないが、勝てば生涯オープン馬として競走生活を続けていけるだけの額には達する。

やはり重賞を勝つことは、馬にとっても管理する調教師にとっても、もちろん騎手にとってもとても名誉なことだ。

家族の基本は「一夫多妻」の「母子家庭」

競馬の世界の「親族」について確認しておこう。競馬に興味を持ち始めたばかりの人には、少し堅苦しい話になるかもしれないが、基本的なことを押さえておかないとどんどん間違えた方向に考えが及んでしまう。

引退して生産に携わるようになった元競走馬の世界は一夫多妻制。といっても野生動物のように牡を中心にしたハーレムをつくるわけではなく、基本的には母子家庭。牡は自分の子供については「我関せず」だ。

牡は現役時代に重賞を何勝もするなど好成績をあげているサラブレッド界のエリート。

GⅠを勝っていなくても、兄姉が好成績をあげていたりすれば、種牡馬になることがある。

彼らはスタリオン（種牡馬の牧場）で大事に大事に扱われる。なにしろ人気の牡は1年に200頭以上の牝に子種を授ける（これを「種付け」という）。春シーズンに種付けするのが仕事。種付けをすることで「種付料」をもらうので、人間の男としては羨ましいことこのうえない（笑）。だが、多い時は1日に2回、3回と種付けをすることもあるので、これはこれでなかなか体力が必要だ。人間には分からない辛さがあるのかもしれない。

種付料はそれこそピンキリ。日本にいる種牡馬の2022年の公示価格では、昨年の年度代表馬エフフォーリアや三冠牝馬デアリングタクトの父であるエピファネイアが1800万円でトップ。次がアーモンドアイなどの父ロードカナロアで1500万円。ソングラインなどの父キズナが1200万円となっている。

種付料は送り出した子の成績次第で変動する。たとえばオルフェーヴルはクラシック三冠のほかGⅠ3勝、さらに凱旋門賞で2年連続2着という成績を引っ提げて種牡馬入りした当時の種付料は600万円だったが、現在は350万円。一方、エピファネイアはGⅠが菊花賞とジャパンカップだけということもあり、種牡馬入りした2016年は250万円だった。しかし17年に産まれたデアリングタクトがいきなり牝馬3冠を無敗で達成、さらに18年に産まれたエフフォーリアが皐月賞、天皇賞・秋、有馬記念と勝ち、3歳で年度代表馬に選出された。その他の産駒もコンスタントに結果を出したこともあって、1800万円にまで上がった。この種付料は産まれた子の価格にも影響を与える。

牝は現役時代に自らが好成績をあげていること、あるいは母、祖母、曽祖母や兄姉、母方のおじおばなどが好成績をあげていることで「繁殖牝馬」となり、生産牧場でやはり大事に扱われる。生産牧場は何百頭という繁殖牝馬を抱えている大牧場から、数頭の牝馬を持つだけの家族経営の牧場までさまざまだ。

競馬の世界でいう「きょうだい」というのは同じ母親から生まれたということ。人間の世界では「異母きょうだい」などということがあるが、サラブレッドの世界では父親が同じだけでは「きょうだい」とはいわない。ディープインパクトもハーツクライも父親はサンデーサイレンスだが、「兄弟」ではない。牝は1年に1頭しか子を産めないが、同じ牡を父に持つ子は1年に何頭もいるのだから。

母親が同じで父親が違う兄姉は半兄、半姉といい、父親も同じなら全兄、全姉という。

つまりサラブレッドの世界での「親族」は、あくまでも母方の親戚のことだけを言う。母や兄や姉がGⅠ戦線で活躍していた場合はもちろん、母のきょうだい（つまりおじ、おば）や母の母やおじ、おばに活躍馬がいれば「良血」と言われる。

「親族」の概念の実例

藤沢厩舎にいたダンスファンタジアという馬の血統表を見てみよう。2010年にデビューしてGⅢを勝つなど、29戦も走ってくれた牝馬だ。

父はファルブラヴというアイルランド生まれで2002年のジャパンカップの他、フランスやイギリスのGⅠを勝ち、引退後日本で種牡馬になった。血統表の上半分はファルブラヴの血統なので、ここでは説明を省略する。

ダンスファンタジアの「親族」については下半分を見る。母親はダンスインザムード。やはり藤沢厩舎の管理馬で04年の桜花賞と06年のヴィクトリアマイル、2つのGⅠを勝ってくれた。だからダンスファンタジアは母親がダンスインザムードというだけで、紛れもない「良血」というわけだ。

ダンスファンタジアの血統

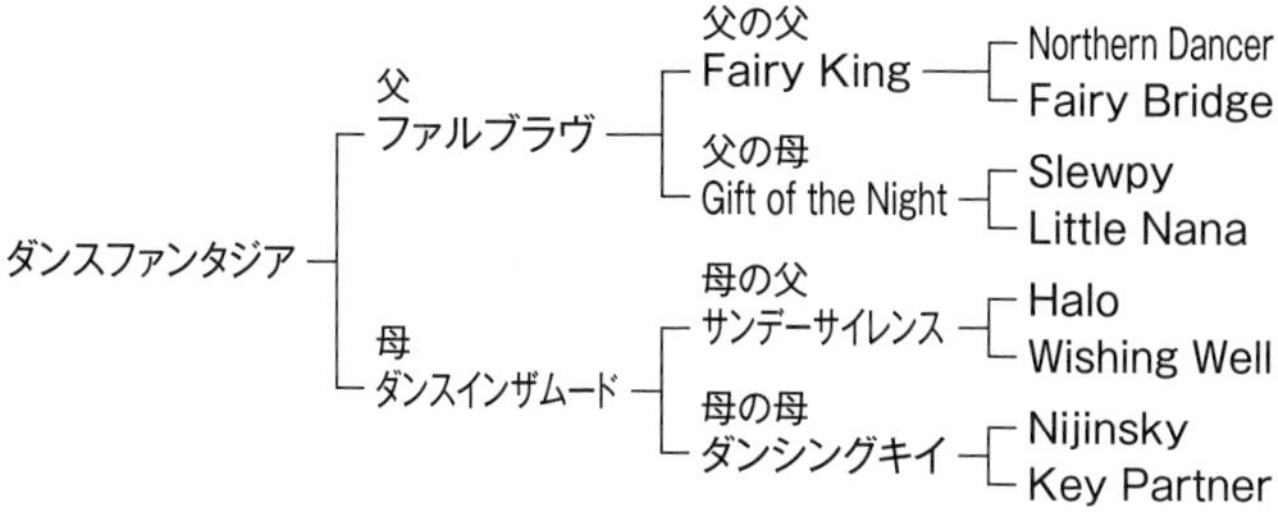

ダンスインザムードは他にも秋華賞で3着になったカイザーバルという牝馬を産んでいる。カイザーバルはダンスファンタジアの妹になるわけだが、父親がエンパイアメーカーなのでダンスファンタジアからみれば「半妹」というわけだ。

　このダンスインザムードの父は日本競馬を大きく進化させたサンデーサイレンス。つまりサンデーサイレンスはダンスファンタジアにとっては母方の祖父。これを「母の父」＝ブルードメアサイヤー（BMS）といって、競馬新聞では出走表にも記されている。母の父の適性は時にその馬を大きく特徴づけることがあるからだ（ダンスファンタジアの血統を「サンデーサイレンスの肌にファルブラヴ」などと言ったりすることがある）。ただし、サンデーサイレンスはダンスファンタジアの「親族」とは言わない。

　次に見てほしいのはダンスインザムードの母ダンシングキ

イ。この馬はアメリカ産まれでレースには一度も出走しなかったが、イギリスのクラシック三冠馬ニジンスキーの子ということもあって繁殖馬として輸入された。そして数々の名馬を産むことになる。

1991年、凱旋門賞馬で種牡馬として輸入されたトニービンとの間に産まれたエアダブリンという牡馬がダービー2着、菊花賞3着と活躍。さらにサンデーサイレンスを種付けして翌年生まれた牝馬ダンスパートナーはオークス馬になる。翌年やはりサンデーサイレンスを種付けしてできた牡馬ダンスインザダークはダービー2着、菊花賞1着。その後も何頭か活躍馬を出し、2001年にやはりサンデーサイレンスとの間に産まれたのがダンスインザムードだ。

つまりダンスインザムードにとってエアダブリンは父親がちがうから半兄、父が同じサンデーサイレンスのダンスパートナーは全姉、ダンスインザダークは全兄だ。ダンスファンタジアにとってエアダブリンとダンスインザダークは母の兄なのでおじ（伯父）、ダンスパートナーは母の姉なのでおば（伯母）というわけだ。きょうだい以外は単に「近親」という場合もある。

そのダンスパートナーは引退後繁殖牝馬として中山記念を勝つ牡馬フェデラリストを産んでいる。ダンスファンタジアにとってフェデラリストは伯母の子、つまりいとこ（従兄）である。

ダンスファンタジアは母と伯父伯母がGＩ馬という華麗なる一族。そして一族にも活躍馬が大勢いる。ダンシングキイという「ビッグママ」がルーツだからだろう、みなダンスにまつわる馬名がつけられた。その名の由来はダンシングキイの父。ロシアの伝説的なバレエダンサーの名前を取ったニジンスキーという名種牡馬だから、その子に「ダンシング」と付けたのだろう。一族が同じような馬名を持っている例は他にもあって、なるほどと思うことが多い。

またダンスインザダークは牡でこれだけの成績をあげ、しかも華麗なる一族の一員なので当然種牡馬になっている。１６００ｍの安田記念を勝ったツルマルボーイ、３０００ｍの菊花賞を勝つザッツザプレンティやデルタブルースなどの父親だ。息子たちも何頭かは種牡馬になったが、残念ながら活躍馬を送りだすまでにはいたっておらず、その血は途絶えつつある。

賞金がレースの「格」をあらわす

賞金はその80％が馬主さん、10％が調教師、5％が騎手、5％が厩務員など厩舎スタッフに分配される。今年からGⅠ競争の賞金が大幅に増額された。まるで私が引退するのを待っていたかのようだ（笑）。それは冗談としても、この賞金額はそのままレースの「格」をあらわしているといえる。日本の競馬の賞金は世界でも高額の部類に入る。

●1着賞金4億円
　ジャパンカップ、有馬記念
●1着賞金2億円
　日本ダービー、天皇賞（春・秋）、宝塚記念、大阪杯
●1着賞金1億8000万円
　安田記念、マイルチャンピオンシップ
●1着賞金1億7000万円
　高松宮記念、スプリンターズステークス

●1着賞金1億5000万円
皐月賞、菊花賞
●1着賞金1億4000万円
オークス
●1着賞金1億3000万円
桜花賞、NHKマイルカップ、ヴィクトリアマイル、エリザベス女王杯
●1着賞金1億2000万円
フェブラリーステークス、チャンピオンズカップ
●1着賞金1億1000万円
秋華賞

以下、2歳GIの朝日杯フューチュリティステークス、ホープフルステークスが7000万円、障害の中山グランドジャンプ、中山大障害が6600万円、2歳牝馬の阪神ジュベナイルフィリーズが6500万円。

2着は1着賞金の40%、3着は25%、以下15%、10%。6着以下は出走奨励金と言い方

が変わるが８％、７％、６％。なので、たとえばジャパンカップだと８着でも普通のオープンレース並みの２４００万円にもなる。

皐月賞や菊花賞は昔からある「８大競走」だが、３歳馬限定ということで少し抑えられたのだろう。ＧⅠに昇格したばかりの大阪杯が２億円というのは、世界的にレースの中心となる２０００ｍのＧⅠということが大きそうだ。

フェミニズムの観点からいえば（笑）、オークスや桜花賞、ヴィクトリアマイルやエリザベス女王杯の賞金が低いのが気になるかもしれないが、強い牝馬ならばダービーや天皇賞・秋、ジャパンカップにも出られる。実際近年のジャパンカップなどは牝馬の活躍の方が目立っているぐらいだ。

騎手も厩舎もこの高額賞金を獲得しようと精一杯戦っている。相手が強かろうが、最初から出走するだけで十分だなどと思ってはいない。その馬の力を精一杯引き出すための策を練ってくる。なによりＧⅠに出られるということはそれだけ他の馬より突出したものを持っているということだ。

競馬場には「右回り」と「左回り」がある

ＪＲＡが主催する中央競馬は、全国10の競馬場で開催される。春夏にＧＩが行なわれるのは関東では東京都府中市の東京競馬場と千葉県船橋市の中山競馬場。関西では京都市伏見区の京都競馬場（現在改修工事中）と兵庫県宝塚市の阪神競馬場、それに愛知県豊明市の中京競馬場だ。その他に福島市の福島競馬場、新潟市の新潟競馬場、福岡県北九州市の小倉競馬場、さらに夏だけ開催される北海道の函館競馬場と札幌競馬場だ。

毎週２場ないし３場で、土日に加え、月曜日が祝日の時などは３日間続けて行なわれることもある。

それぞれコースに特徴があるので、ＪＲＡのホームページなどで確認するといいだろう。馬によって得意な競馬場と不得意な競馬場があるし、騎手の乗り方も微妙に違ってくる。

直線の長い東京や新潟、中京や外回りの阪神では、騎手がみな前半大事に乗って、ここぞという地点で勝負をかけてくる。前半遅れても間に合うだろうと思っているのだが、ガマンをするというのは馬にとってけっこう辛いし、それでいきなり追われるのもさらに辛いしケガをすることも多い。最後は目一杯走らされるからね。長い間いい脚を使わなくてはいけないので、時計が速くなると辛い。逆に言えば能力のある馬が勝てるという点ではとてもフェアだ。

特にダービーやジャパンカップなどいくつもの大レースが行なわれる東京競馬場は幅も広くて素晴らしい競馬場だ。藤沢厩舎では出走回数も勝利数もいちばん多い。東京での開催に合わせて仕上げていくことも多かった。

中山はトリッキーなコースで、ジョッキーの巧拙が影響することが多い。スタートよくいい位置を取らないと、よほどの能力がなければ挽回できない。直線が短いし残り3ハロン(600m)がまだ3コーナーを過ぎたところだから、馬はそこで「ムリムリ」と感じて一杯になる。ゴール前に上り坂があってスピードが抑えられるので、馬が傷《いた》むことは少ない。

阪神・京都や中京は関西の主場ということもあってあまり多く使っていない。とくに京都は内回りが小回りだし、外回りは3コーナーの坂がやっかいだ。京都名物なんていわれているけれど、坂を下るという調教をやっていなかったし、なにより勝負どころへ向けて加速するコースはケガも怖かった。マイルチャンピオンシップでもタイキシャトルなどで6回勝たせてもらったけれど、出走回数自体は札幌や函館、中京より少ない。

函館や札幌は馬場が重いから前半大事に乗っていてもバテる。ちゃんと調教してないと走れないが、脚元への負担が少ないので新馬を使うことも多かった。

小倉は関東馬には遠すぎる。19勝しているが重賞を勝っていない唯一の競馬場だった。

人間の陸上競技はすべて左回りだが、中央競馬で左回りなのは東京、新潟、中京だけ。他はすべて右回りだ。馬にも利き脚があり右回りが得意な馬もいれば左回りが得意な馬もいる。得意なコースでの開催が行なわれるまで待つこともしばしばある。

地方競馬場で行なわれる「交流レース」

GIレースは中央の競馬場で行なわれるもの以外に、地方競馬場で行なわれる地方交流のダートグレード競走というものがある。これには中央所属の馬も何頭か出走することができる。そのうちGIとして扱われているのは以下。

●東京大賞典（大井競馬場）12月下旬

●川崎記念（川崎競馬場） 2月上旬
●かしわ記念（船橋競馬場） 5月上旬
●帝王賞（大井競馬場） 6月下旬
●ジャパンダートダービー（大井競馬場） 7月中旬
●マイルチャンピオンシップ南部杯（盛岡競馬場） 10月上旬
●JBCレディスクラシック、JBCスプリント、JBCクラシック（持ち回りが原則） 11月上旬
●全日本2歳優駿（川崎競馬場） 12月中旬

この他に、地方競馬場で行なわれながら中央馬が出られる重賞は30ほどあるし、条件馬や未勝利馬が出られる交流レースもかなり組まれている。中央馬が出走すればそのレースの売り上げも上がるし、中央のジョッキーがやって来ることで、地方競馬場もにぎわいを見せる。出走させる中央馬の方も、相手関係が少し弱くなる分、勝ち星を稼げるレースという印象があると思う。

ただし藤沢厩舎の通算成績を見ていただくと分かると思うが、私は地方交流レースには

あまり積極的ではなかった。毎週土日に競馬があるというペースを崩すのをためらったこともあるが、小回りの競馬場が多く、力を発揮できるかどうか分からなかったからだ。

加えて一時期いくつもの地方競馬が廃止になったようにどこも運営が厳しかった。当然そこで馬を走らせる各地の厩舎も、中央のようないい環境ではない。オーナーのことを考えれば、使えるところ、稼げるところに出向いていくというのは調教師としての務めだし、他の厩舎が行なっていることにケチをつけるつもりはないが、地方馬が獲るべき賞金を中央馬がかっさらって行くのはいかがなものかという気分があった。

ところが、ここ数年は地方競馬もだいぶ売り上げが伸びてきた。中央と同じく、インターネットによる投票などが普及してきたこともあるが、個性あふれる地方競馬を愛するファンが出てきたのだ。

そんな中、JRAと地方競馬全国協会などが審議を重ね、大井競馬場で行なわれている羽田盃（1800m＝4月下旬）と東京ダービー（2000m＝6月上旬）を2024年から新たにダートグレード競走（GⅠ）に格付けし、従来のジャパンダートダービーと合わせて、「3歳ダート三冠競走」と位置付けると発表した。

これまで中央でダート路線を歩む馬は、6月に行なわれるユニコーンステークスが最初の重賞でしかもGⅢ扱いだったのが、羽田盃、東京ダービーというGⅠ路線が確立する。しかも東京ダービーの1着賞金は1億円に増額されるという。これにより、やや日陰の道を歩いている印象だったダート馬の存在が大きくクローズアップされた。

これまでの地方交流レースの結果から、地方競馬は場所を貸すだけだといった意見もあったが、むしろこれまで中央で地味な存在だったダート馬を地方競馬の厩舎に預けて走らせようという気運が高まるのではないかと思う。

日本ではダート競馬が芝よりも低く見られている傾向があるが、アメリカでの主力はダート競馬。これについては第7章で改めて述べる。

厩舎はすべてＪＲＡの管理下にある

レースに出走する馬は調教師が率いる「厩舎」に所属している。調教師はＪＲＡの試験に合格しなければならない。

余談だが、この試験は1次と2次に分かれており、本当に難しくて合格するのが大変だ。

馬という動物に関する知識や競馬に関する法律だけではなく、従業員を抱えるため労働法、近年ではセクシャルハラスメントやパワーハラスメントについても学ばなくてはならない。面接試問では厩舎を開業してから予想されるトラブルにどう対処するかなど、重箱の隅をつつくような質問がこれでもかというように浴びせかけられる。そんなこと調教師になるのに必要なのかと思ってしまうぐらいで、1回で合格できるのは稀。私も5回目でようやく合格したし、6回、7回と受けたけど合格しないで諦めた人も大勢いる。

そんな苦難を乗り越えて厩舎を開業した調教師は関東と関西それぞれ100人ほどいる。つまり全国で200ほど厩舎があるというわけだ。

東は茨城県の美浦村にある美浦トレーニングセンター、西は滋賀県栗東市の栗東トレーニングセンターの中に厩舎がある。美浦トレーニングセンターでいえば東京ドーム48個分の広大な敷地の中に、トラック型調教コースと坂路調教馬場、その他馬用のプールなどもあり、100ほどある厩舎から2000頭以上の馬が日々調教に出向く。

トレセンの厩舎はJRAから貸与されているもので、管理する馬の数はJRAによって与えられる「馬房」の数で決められている。基本は20で管理できる馬の数はその2・5倍、つまり与えられているのが20馬房ならば50頭までだ。キャリアや成績によって多い少ないがあるが多くてもせいぜい30。新規開業厩舎などは16馬房ぐらいからのスタートだ。貸付馬房数については、毎年2月頃見直されJRAのホームページなどで確認できる。ちなみに藤沢厩舎は、解散時に28馬房を与えられていた。

勝敗を左右するのは「厩舎力」

厩舎には調教師の他、厩務員と調教助手、厩舎によっては騎手が所属してチームをつくっている。1人の厩務員が馬2頭を担当するというのが基本だ。

馬主さんが自分の馬をどこに預けるかは、とても大事なことだろう。みなリーディング上位の厩舎に預けたいのは山々だろうが、管理する馬の頭数が決められているため、昔からのつきあいなどの人間関係が関わってくる。なかにはお祖父さんの代からのつきあいもあったりする。私の実感としては、近年厩舎間の成績の格差が広がり、しかもその差が固定化しつつある。いい成績を残すことで調教師もスタッフも成長し、勝つためのノウハウを蓄えていくのだから当然のことだ。

2021年一番勝った厩舎は栗東の中内田充正厩舎の54勝、次が同じく栗東の矢作芳人厩舎の52勝、以下48勝、45勝など上位10厩舎は40勝以上あげている。一方下位では10勝以下という厩舎が50ほどもある。上位厩舎については昨年たまたまいい結果が出た厩舎もランクされているが、やはり毎年リーディング上位にはおなじみの厩舎が並んでいる。

私の厩舎はおかげさまで14回もリーディング1位を取らせてもらったが、先ごろ亡くなられた伊藤雄二先生やすでに引退された山内研二先生、松山康久先生、角居勝彦先生の厩舎などに毎年のように追いかけられていた。その他いまも現役の国枝栄厩舎、堀宣行厩舎、藤原英昭厩舎、音無秀孝厩舎、池江泰寿厩舎など上位争いはわりと同じ顔ぶれだった。

もちろん調教師の馬を見る目や調教方針、さらに助手や厩務員といったスタッフの充実度やチームワークもあるだろう。一人ひとりが自覚を持って日々の仕事に取り組んでいる厩舎はいずれ伸びてくる。

ただし調教師にはスタッフを選ぶ権利が与えられておらず、どこの厩舎で働くかはスタッフの意思が尊重される。調教師は厩舎を束ねる経営者で、スタッフは労働者であるという考え方だ。

そして当たり前のことだが「いい成績をあげた厩舎に素質のある馬が集まる」。これは馬主さんにしてみれば至極当然のこと。そしていい成績をあげた厩舎は、ますます精進したりスタッフが調教技術を磨くことに貪欲になって「厩舎力」が上がっていく。逆に成績が頭打ちになると、なかなかいい馬を預けてもらえないという悪循環に陥る。その辺は毎週のように競馬を見ていると自然に分かってくるし、オッズなどにも反映してくるはずだ。

こう書いてくると、調教師の世界も「弱き者は去れ」となっているかと思われるかもしれないが、決してそうではない。

前記のように馬房数はJRAによって定められているが、その差は勝利数の差ほどの違いはない。どんなに勝ち数が多くても、馬房数がそれに比例して多くなるということはなく基本は20で多くても30までだ。しかもどんなに成績が悪くても、引退や厩舎解散をJRAから強いられたり、調教師免許を剝奪《はくだつ》されるという規定はない。たとえ0勝でも預かっている馬がいれば、預託料をいただけるので食いっぱぐれることもない。前述のように出走できれば40万円以上の手当が支払われる。馬主さんにしてみれば、月に2回出走することができれば、預託料と相殺《そうさい》することもできる。

このシステムには賛否があり、藤沢厩舎などは馬房数が40、50になればもっと勝ち星をあげられるのではないかと言ってくれる人もいた。しかし、預かる馬の数が増えればそれだけスタッフの数も多くなり、管理するのが大変になる。開催日数の上限が法律で定められており、さらに中央競馬に入ってくる馬の数が多い現状では、このシステムは妥当なのかもしれない。

馬房数の多寡が著しくなると、馬券を買う側も常勝厩舎の馬券だけ買っていればいいということになりがちで、馬そのものを見るという競馬の楽しさから外れてしまうことになるし、大穴馬券も取ることができなくなるのではないか（笑）。

騎手が軽量の方が馬は楽？

競馬新聞の出走表を見ると騎手の名前のところに55だとか57だとかという数字が書かれている。これは騎手と鞍などの総重量で、レースごとに決められている「負担重量」というもの。騎手の年齢ではないので間違わないように（笑）。

負担重量には、たとえば同一年齢の馬だけのレースの時に使う「馬齢」というのがある。

3歳の1月から9月までは牝馬は牡馬より2キロ軽い。その他、勝利数や収得賞金などでレースごとに基準が設けられている「別定」、年齢と性別を基準に定められる「定量」、その他出走馬の力差を少なくする「ハンデキャップ戦」がある。

負担重量は鞍に重りなどをつけて調整する。レースの後の映像などを見ると、騎手が鞍を抱えて体重計に乗っているが、あれは正しい負担重量だったかどうかを確認しているわけだ（ちなみにあの部屋は「検量室」）。

とりあえずは何キロ背負うのかを把握しておけばいい。「負担」といっているからには軽い方がいいわけで、ハンデ戦などでは7〜8キロも差があることもある。斤量が重いことが走りに影響する馬がいることは事実で、背負う斤量はしばしば予想の根拠になる。牝馬が「2キロ軽い」ことを根拠に、牝馬戦ではなく牡牝混合のレースを選ぶこともある。

そして「負担重量」は騎手のキャリアや力量も考慮される。

現在中央競馬には56歳の柴田善臣騎手から、今年デビューしたばかりの18歳まで150人ほどの騎手が所属している。未勝利戦などレース名のつかない平場のレースでは、若手騎手に対する優遇措置がとられている。免許の通算取得期間が5年未満で、なおかつ通算勝利数が100以下の騎手に対しては、負担重量が軽減されるのだ。

男性騎手の場合、30勝以下は3キロ減（出走表には▲が付けられる）、31勝以上50勝以下は2キロ減（△）、51勝以上100勝以下は1キロ減（☆）。女性騎手はさらに優遇されていて、50勝以下なら4キロ減（★）、51勝以上100勝以下で3キロ減（▲）、さらに5年をすぎても2キロ減（◇）だ。ただし、特別レースや重賞ではこの措置はない。

厩舎やオーナーとしては、キャリア豊富で勝利数も多い騎手に騎乗してほしいのはヤマヤマだが、そうすることで若手騎手が成長する機会に恵まれないことになる。調教師にしてみれば力があるはずの管理馬の結果がなかなか出ない時に、「負担重量が軽くなればもっと粘りが利くかもしれない」などと考えて若手騎手に乗り替わらせて結果を出すことも少なくない。

かつて新人騎手は、新馬戦などにはなかなか乗せてもらえなかったものだが、最近の若手は技術の向上がめざましい。競馬学校での指導法の進化などもあるが、やはり在学中からお客さんの前で実際に騎乗ぶりを見せる模擬レースがあるのが大きいのだろう。

第3章 今、「血統」が始まった

馬を「比較」する楽しさ

競馬が好きな人は、もうずっと何十年もやっているんだろうけれど、だんだん当たるようになってくるということはないようだ。

ゴルフボールと同じようなもので、新製品が出ても、アマチュアの場合、飛距離は出るかもしれないが、スコアはそれほど変わらない。ゴルフをよく知っているからといってうまくはならないのと同じで、昔から競馬を知っているというのと、馬券が当たるというのはどうも別物らしい（笑）。ゴルフは練習することでうまくなることはあるが、馬券は練習のしようがない。むしろ顔がかわいいとか、誕生日が同じだとか言っているビギナーの方が当たることもある。だから面白い。

ただ、ずっと続けて見ていると、競馬という競技のことが分かってくるというのはある。なかには「おれは穴党だ」なんて言って、たまに当たった馬券の自慢をしたりする人がいるけれど、長くやっている人は、やはり穴馬というのは馬券に絡んでくる確率が低いものだというのが分かっている。ましてや一攫千金なんて、そうそうないというのを知っているから、堅い買い方になってくるんじゃないか。トリガミ（的中したものの配当が低くて儲けにならない馬券）だなんていうけれど、当たらないより当たった方がいいはずだ。だから競馬がうまくなるというのは、損をする金額が少なくなるということなのかもしれない。

コロナ禍もだいぶ落ち着いてきて、競馬場にまた行けるようになってきたので、パドックや返し馬を見て予想するようになる。それでも、そうそう分かるものでもない。

テレビやラジオのパドック解説では「気合が入っていない」とか「走る方に気が向いていない」とか言うけれど、鞍をつけてパドックに出た馬で、やる気のない馬なんていない。そう見えたとしても、それを予想の根拠にするのはどうだろうか。

ただパドックを見ると、これは走らないんじゃないかという馬はかなりの確率で分かるようになると思う。前走がよくて人気があっても、あれ、これは何か違うな、というもの。ずっと見ていれば、そういうことに気がついてくる。

馬を管理してきた人間は、以前走った時のイメージと比較する。前走より毛艶がよくなっているとか、落ち着きが出てきたというように見る。他の馬のことは見ていないし、比較することもない。だから調教師（や騎手）を引退したから、レースの予想をしろといっても、実はそう簡単なことではないのだ。

ところが馬券を買う人たちは、いろいろな厩舎の馬を比較しなければならない。それは私たち厩舎人には経験できない楽しい作業であるはずだ。

そのよりどころとなるのがデータ。特に競馬はブラッドスポーツだから、その馬の出自をしっかり見極めたい。やはり競馬は血統をしっかり確認してほしいと思う。

種牡馬が種牡馬をつくり続ける難しさ

牡（種牡馬）は送り出した子たちが活躍すれば種付料も上がり、さらに種付けの依頼も増える。良血で好成績を残した牝に種付けすれば、優秀な子を産む可能性も高くなり、その子がGIをいくつも勝って種牡馬になれば、後継種牡馬をつくったことになり、さらに種牡馬としての価値も上がる。その血を後世に残すことができたのだから、高齢になれば隠居（引退）することもできる。ただし後継種牡馬が種牡馬になるような活躍馬を出さなくなった時点で、その血統は途絶えてしまう。

現在日本を含めて世界各地で走っているサラブレッドの父親をずっと辿っていくと、1680年生まれのバイアリーターク、1700年生まれのダーレーアラビアン、1724年生まれのゴドルフィンアラビアン3頭のいずれかに行きつく。

日本で名前を知られている馬でいえばシンボリルドルフやその子トウカイテイオー、メジロマックイーンの祖先はバイアリーターク、2004年の高松宮記念などスプリンターとして活躍したサニングデールの祖先がゴドルフィンアラビアン、そしてそれ以外ほとんどの馬の祖先はダーレーアラビアンだ。つまりサラブレッドは300年前まで、父系に関してはハッキリ分かっている。「どこの馬の骨か分からない」ということはないのだ。

しかし前述したように、生まれてきた牡馬がある程度実績を残して種牡馬になるということを代々続けていかないと、その血統は途絶えてしまう。だから、それぞれの系統に栄枯盛衰がある。シンボリルドルフの父と、メジロマックイーンの祖父(メジロアサマ)の父は同じパーソロンという種牡馬。パーソロンというのは1960年代にアイルランドで活躍した馬で、引退後種牡馬として輸入された。シンボリルドルフやメジロアサマの他にもダービー馬サクラショウリなども出したけれど、その子たちが種牡馬になることができず、徐々に衰退していってしまった。だが桜花賞やオークスを勝った強い牝馬を何頭か送り出している。たとえばオルフェーヴルの母方の祖父がメジロマックイーンだから血統表にはその名を見ることはできる。けれどオルフェーヴルは父ステイゴールド、その父サンデーサイレンスだから、パーソロン系というふうには言わない。牡馬が活躍し続けなければ「血統」は続いていかないのだ。

種牡馬の系統に栄枯盛衰があるのは海外でも同じ。活躍馬を出して一時人気を集めても、種牡馬になってから走る子を出さないという烙印を押されてしまうと、あっという間に途絶えてしまう。血統が途絶えるのには理由があるのだ。

私なんか勉強は嫌いだったけれど、馬のことなので血統についてはいろいろ調べた。だけど、日本で出版された血統の本は、ほとんどがヨーロッパ中心に書かれたもの。しかも昔出た本はほとんど廃刊になってしまっていて、現在につながっているものは断片的なものしかない。けれど、血統は調べることができるので、興味ある人はぜひ丹念に辿ってみるといいと思う。今から始めても新しい発見があるかもしれないジャンルだ。

後継者をつくってこそ真の名馬

これまで、レースでとてつもなく強かった馬が引退して種牡馬になる時、何度も「ああ、日本の〝血統〟はここから始まるのか」と思った。オグリキャップなんか、あれだけ速くて強くてタフだったし、ジョッキーはとても乗りやすいと言っていたから、いい子をたくさん世の中に送り出し、その子がさらに強い馬を出して、日本独自の新しい系統ができるのかと思ったものだ。引退すると大規模な種牡馬のシンジケートが組まれ、その子たちはとても人気になって高く売れたようだ。

けれど、やっぱり後が続かなかった。

現役時代の成績イコールいい種牡馬、ではないのだ。また、1頭や2頭走る馬を出すだけでは血統をつくっていくことはできない。

戦後の日本競馬は、ヒンドスタンだとかパーソロンから始まったけれど、こと血統に関してはI985年生まれのブライアンズタイム、86年生まれのサンデーサイレンスあたりをベースに考えていけばいいだろう。子供が何頭重賞を勝ったかではなく、どれだけ後継種牡馬をつくったかを考えていけばいい。それで興味が持てるようだったらさらに遡ってみればいいのだ。

それまでは期待と失望の繰り返しだった。

64年の三冠馬シンザンはミホシンザンというクラシック二冠馬を出して種牡馬になったけれど、その子は種牡馬になれるほどのパワーはなかった。

73年に地方競馬から中央入りしたハイセイコーはとても強い馬で社会現象にまでなった。競馬をやらない人でもその名を知っているほど有名になり、種牡馬としても皐月賞やダービーを勝つ馬を出した。その1頭であるカツラノハイセイコは種牡馬になったが、中央で活躍する馬を送り出すことはなく、後継種牡馬をつくることができなかった。

また、テスコボーイの子で「天馬」と言われたトウショウボーイは、ミスターシービーという三冠馬や、今でいうＧⅠを勝つパッシングショット、サクラホクトオーを送り出して血統の底力を見せてくれたけれど、その後は続かなかった。

いわゆる持込馬（海外で種付けされた母親が受胎した状態で輸入され、日本で産まれた馬。かつてはクラシックに出走することができなかった）だったマルゼンスキーは８戦８勝で引退し、ホリスキー、スズカコバン、サクラチヨノオー、レオダーバンやネーハイシーザーの父サクラトウコウなどの種牡馬を送り出したが、今この系統の馬は残っていない。

１９７１年カナダ生まれのノーザンテーストは、日本に輸入され82年にリーディングサイヤーになってから中央競馬では11年連続してトップ種牡馬だった。ダービーを勝つダイナガリバーとか有馬記念や天皇賞・春のアンバーシャダイ、天皇賞・秋と安田記念のギャロップダイナといった馬を送り出し、３頭とも鳴り物入りで種牡馬になった。ダイナガリバーはファイトガリバーというＧⅠ牝馬を出したけれど、ギャロップダイナは重賞馬を出した程度。この２頭の血統は途絶えてしまった。

アンバーシャダイだけはメジロライアンというＧⅠ馬を出し、メジロライアンは種牡馬になってから天皇賞・春などを勝つメジロブライトを出した。しかし、メジロブライトは種牡馬としては成功せず、ノーザンテーストの父系の血統はここで途絶えてしまった。

私が調教助手として関わったパーソロンの子、81年生まれの三冠馬シンボリルドルフについては前述したようにトウカイテイオーという強い馬を出したけれど、トウカイテイオーの子供たちは期待したほど走らなかった。なによりシンボリルドルフの子でGⅠを勝つような牡馬はトウカイテイオーしかいなかった。

オグリキャップと共に20世紀末の競馬ブームの火付け役になったタマモクロスも何頭かの活躍馬を出したけれど、種牡馬になるような馬を送り出すことはできなかった。

1995年生まれの外国産馬で、凱旋門賞2着のエルコンドルパサーは世界的にも注目されて種牡馬入りしたが惜しくも早世してしまった。

何度となく「日本でも〝血統〟が始まるのかな」と思ったものだが、なかなか後が続かなかった。

「サラブレッドの墓場」といわれた日本

平成元年（1989年）のダービーは出走馬が24頭もいて、私も初めてロンドンボーイという馬を出走させた。ロンドンボーイの父はホクトボーイ。ホクトボーイの父は英国から輸入したテスコボーイだ。

ホクトボーイはテンポイントやトウショウボーイ、グリーングラスと同じ歳で、当時まだ3200mだった秋の天皇賞を勝って種牡馬になった。ロンドンボーイはその馬の子供だからいわゆるマル父、父親が日本で生まれた馬という意味の「父内国産馬」と呼ばれた。

当時、圧倒的に輸入種牡馬が強かったので、父内国産馬にはそれだけで手当もついたし、父内国産馬限定レースなんていうのもあった。そんなことでホクトボーイも種牡馬として期待されたが15歳で亡くなってしまい、後継種牡馬をつくるにはいたらなかった。

この年のダービーは、1着から6着までが外国産種牡馬の子。7着にダービー馬クライムカイザーの子が入った他、トウショウボーイやホスピタリティの子がいたが、17頭は外国の種牡馬の子だった。フランスのシーホーク、イギリスのサーペンフロ、アメリカのリアルシャダイやアーティアス、ラシアンルーブルといった面々で、それなりに走る馬を出したが後継種牡馬をつくるまではいかなかった。

その他にも凱旋門賞馬ラインゴールド、フランスのリーディングサイヤーだったクリスタルパレス、英国ダービー馬エンペリーなど、綺羅星のごとく名馬が来日したが、大した成績を残すことができなかった。

多くの種牡馬が日本に輸入されたが、その期待感は本当に一瞬で、初年度や2年目の産駒が走らないとすぐに種牡馬としてのニーズが激減することも多かったように思う。輸入された種牡馬が、血統の大きな幹とはならなかった。2頭や3頭活躍馬を出しただけでは種牡馬として成功したとはいえないし、そもそも子孫を残していくこともできない。

ジャパンマネーの力でヨーロッパの名馬をこれでもかというように種牡馬として買ってきながら、結局は活躍馬を出すことができなかったことで、日本は「サラブレッドの墓場」などと言われるようになった。欧米の口の悪い評論家などが言ったのだろう。日本というのは本当にサラブレッドの血統を伸ばせない国だ。輸入した種牡馬の子はある程度走ったかもしれないけれど、その子が種牡馬になって血を継続していくことができなかった。ヨーロッパにいれば、もっとその血脈を広げられたかもしれないのに、日本という競馬後進国が金にあかせてさらっていったので、血統が途絶えてしまった。自分の国の名馬だから、当然日本でも結果を残すだろうと注目していたけれど、孫たちが全然走っていない。

きっと扱いが悪いから、何でもダメにしてしまう国なんだなと思ったのだろう。

でも、血統を継続できなかったのは、つまりは日本の競馬に向かない種牡馬を持ってきたということだったのだ。ヨーロッパの人も日本の競馬に合うのはどういう種牡馬かなんて分からなかった。日本人も分かっていなくて、とにかくヨーロッパでタイトルを取った馬だから、きっと日本ではいい子をたくさん産むだろうと思っていた。そういう傾向はいまだにあって、憧れに似たような気持ちで買ってくる。

持ってきた馬はみんな素晴らしい馬だったけれど、日本の馬場に合わなかったということだ。ヨーロッパはスピード競馬じゃないから、その子や孫が日本競馬で活躍できることはめったにない。

凱旋門賞馬は種牡馬としては日本向きではない

凱旋門賞を勝った馬も日本に何頭か種牡馬で輸入されてきた。

1986年のダンシングブレーヴはアメリカ生まれ。引退後イギリスで種牡馬になったが病気になったので、日本が買うことができるようになった。もちろん買うことに賛否はあったが、なにより凱旋門賞馬ということで購入が決定。日本が買った後、ヨーロッパに残してきた産駒からコマンダーインチーフとホワイトマズルが出たし、日本でもキョウエイマーチやキングヘイロー、ティエムオーシャンといったGI馬を送り出した。この頃は、まだ日本の競馬自体が成長段階だったこともあったから結果は出た。

キングヘイローは種牡馬になり、ホワイトマズルやコマンダーインチーフも引退後、すぐに種牡馬として日本に輸入された。その子たちも何頭かは菊花賞などのGIを勝ったりしたが、彼らは引退後に種牡馬としては結果を出すにはいたっていない。

88年の凱旋門賞馬トニービンはアイルランド生まれ。引退後種牡馬として日本に輸入され、94年にリーディングサイヤーになった。ウイニングチケットやジャングルポケットといったダービー馬を始め多くのGI馬を出したが、2000年に惜しくも急死。ウイニングチケットは後継種牡馬をつくれないまま引退、ジャングルポケットはトーセンジョーダンとオウケンブルースリという後継種牡馬を送り出したが、今の主流血脈とはいえない。

それでもこの2頭の凱旋門賞馬は日本競馬に多くの恩恵をもたらしてくれた。当時、種牡馬の大半はヨーロッパで好成績をおさめて輸入されてきた馬ばかり。日本馬のレベルもまだまだ高くなかったからではないかと思う。

ダンシングブレーヴとトニービンが複数の活躍馬を出したこともあって、凱旋門賞馬はその後続々輸入されるようになった。キャロルハウス、カーネギー、ラムタラ、エリシオ、バゴ、ワークフォースなどヨーロッパのレースで圧倒的なパフォーマンスを見せた馬に大金を投入し、交渉を重ねて商談を成立させてきた。ところがこれらの馬が、日本のリーディングサイヤーの上位に入ることはなかった。

なかでもデビューから4連勝で凱旋門賞馬となったラムタラは1996年に30億円で日本に輸入され、世界的にも大きな話題となった。すでに活躍馬を出していたサンデーサイレンスを凌ぐシンジケートが組まれ生産者の期待を集めたが、GI戦線で活躍する馬は1頭も出てこなかった。結局イギリスに買い戻されることになったが、その時の価格は購入額の100分の1以下だったという。

2004年の凱旋門賞馬バゴが最近になってGI4勝のクロノジェネシスを出したじゃないかという声もあるが、これまでサイヤーランキングで20位以内に入ったことはない。血統をつくっていくためには1頭や2頭活躍馬を出しただけではダメなのだ。

2000mで強い馬が2400mで勝つ馬をつくる

誤解のないように言っておくが、凱旋門賞を勝った馬は間違いなく名馬。日本馬が遠征していくことに異論はないし、勝てば快挙だと素直に讃えたい。ただし2400mの特にヨーロッパの重い馬場を勝った馬が種牡馬として日本の馬場に合うスピード豊かな馬を出すことはないということを覚えておいてほしいのだ。

近年の凱旋門賞馬が種牡馬として成功していないというのは日本だけの話ではない。昨年のヨーロッパ競馬のリーディングサイヤー上位の顔ぶれを見ても、凱旋門賞で勝ったのはシーザスターズぐらい。1位のフランケルは日本でもソウルスターリングやモズアスコットがGI馬になったが、現役時代は2000mまでしか走っていない。ドバウィや日本でもおなじみのキングマンの勝ち鞍は1600mまで、シユーニ、ダークエンジェルなどはさらに短いところしか走っていない。2020年の凱旋門賞では、1400mまでしか勝ち鞍のないシユーニ産駒のソットサスが勝った。つまり1400~1600mを主戦場とするスピードが持ち味の種牡馬産駒が2400mを勝つ。これが今の種牡馬の世界的傾向だ。

ちなみにフランケルはガリレオの子だけど、1600m、2000mで強かった。インターナショナルステークスやチャンピオンステークスも勝って14戦14勝。現役時代は2400mを一度も走らせなかった。

それで種牡馬になってスタセリタというフランスオークス馬との間に生まれたのがソウルスターリング。馬体は素晴らしくてデビューから4連勝したけれど、肝心の桜花賞では3着に敗れてしまった。でも次のオークスでは前半から先行し、強い勝ち方を見せた。どういうことかというと、フランケル自体は1600mや2000mが強かったけれど、やっぱりガリレオの血が流れているということ、ソウルスターリングは明らかにマイルより2400mが得意だった。血統というのは正直なものだ。フランケルの子が凱旋門賞を勝つ日も来るだろう。

凱旋門賞馬は凱旋門賞馬から出るわけではないということだ。2000mのチャンピオンステークスを勝つような馬が、種牡馬としては凱旋門賞を勝った馬より大事にされている。凱旋門賞馬は日本が種牡馬として買うことができるかもしれないが、凱旋門賞馬を出すような種牡馬はなかなか買うことはできないということ。ガリレオの子は買えるかもしれないけれど、ガリレオは絶対売ってくれなかっただろう。

凱旋門賞馬と同じようなことがキングジョージⅥ世&クイーンエリザベスステークスや英国（エプソム）ダービーでも言える。

7月にイギリスで行なわれるキングジョージⅥ世&クイーンエリザベスステークスも2400mで、凱旋門賞も勝ったダンシングブレーヴやラムタラの他、1993年のオペラハウス、ペンタイア、コンデュイット、ハービンジャー、ノヴェリストといったところが日本で種牡馬になった。ダンシングブレーヴやオペラハウス、ハービンジャーはGⅠ馬を出したが、その他は期待外れだったのではないか。ヨーロッパではガリレオが頑張っていたが、残念ながら昨夏亡くなってしまった。このレースはイギリス王室の名が冠せられているし、凱旋門賞とともに価値がありそうなイメージだけど、ここを勝った馬の種牡馬としての実績を見れば、日本競馬に不向きだというのは明らか。もちろんみんな素晴らしい馬ではあるけれど、日本の馬場には不向きだ。

やはり2400mで行なわれる英国ダービーも同じ。18世紀に始まった伝統あるレースで、ジェネラス、ドクターディビアス、エルハーブ、ワークフォースなどが日本に来たけれど、やはり成功したとは言えない。

その他、期待されてヨーロッパから買ってきたけれど、いつのまにか名前を見なくなったなという種牡馬が何頭もいる。1頭か2頭は走る子が出ているかもしれないけれど、それでは血統はつくれない。

菊花賞馬も種牡馬としては疑問

かつての日本競馬の常識では、3歳馬が皐月賞、ダービーで上位に来るようなら、秋は菊花賞を目指した。菊花賞で1、2着に来るようなら、古馬になって春と秋の天皇賞へ出るという流れだった。

私が1996年にバブルガムフェローを天皇賞・秋に使ったことは驚きを持って報じられた。バブルガムフェローは皐月賞トライアルのスプリングステークスを勝った後、故障で春のクラシックを断念したが、3歳馬としての実力はトップクラスだと言われていた。

藤沢厩舎が菊花賞を勝っていなかったのは長い距離を走れる馬が入厩してこなかったか

ら。英断だとか言われているけれど、馬の適性を考えれば当然のことだった。「あえて古馬に挑戦」とも言われたが、東京競馬場の左回り2000mのほうがより力が発揮できると思っただけだ。藤沢厩舎にはダービーを勝った馬がいなかったこともあるが、菊花賞を使わないという判断は、私としては自然なものだった。

ゼンノロブロイもどちらかというとミドルディスタンスの馬だったが、天皇賞・秋に出しても、この時点では1歳年上のシンボリクリスエスにかなわなかったと思う。コントロールの利く馬だったから菊花賞に出したけれど、勝負どころの4コーナー手前で渋滞に巻き込まれてしまって出るに出られなかった。やはり初めての距離で自信がなかったのかもしれない。

三冠馬ナリタブライアンやディープインパクト、オルフェーヴル、他の距離のGIでも結果を出したゴールドシップやエピファネイアなどをのぞくと、菊花賞だけしか勝っていない馬は種牡馬としても厳しい状況におかれているといわざるを得ない。

ディープインパクトは菊花賞や天皇賞・春も勝っているが、やはり持ち味はそのスピードだった。種牡馬になってあれだけ産駒が活躍したのも、スピードが受け継がれていったからだ。マイルなど一度も走っていないのに、グランアレグリアを始めスピード豊かなマイラーを何頭も送り出している。

もし、ディープインパクトが安田記念を走っていたら、圧倒的なパフォーマンスを見せてくれたに違いない。スピードの源はその父サンデーサイレンスから受け継いだものだ。

サンデーサイレンスの衝撃

1990年、社台グループはアメリカのケンタッキーダービーとプリークネスステークスという二冠を達成し、年度代表馬にも選出されたサンデーサイレンスを種牡馬として購入した。当時の新聞は《史上最高の16億5000万円で米国二冠馬を輸入》と華々しく報じたが、今考えると控えめなぐらいの扱いだった。母系に活躍馬がいないことから、価格に見合うような馬を送りだすことができるかと疑問視する向きもあった。

しかし、サンデーサイレンスは初年度産駒から大物を出す。

92年生まれのフジキセキは、2歳8月の新馬戦から弥生賞まで4連勝してクラシックの主役といわれたが、皐月賞を前に故障が判明。従来ならば、これだけ走ったのだからしっかり治療して復帰させたいところだが、関係者の英断ですぐに引退、種牡馬にした。当初はサンデーサイレンスの代用としてのニーズで大物がなかなか出てこなかったが、カネヒキリがダートで走ったのを手始めに、キンシャサノキセキ、ダノンシャンティ、イスラボニータが活躍し、それぞれ引退して種牡馬になった。

フジキセキが引退した年の皐月賞は、やはりサンデーサイレンス産駒のジェニュインが、ダービーはタヤスツヨシが勝った。

その後もスペシャルウィーク、アドマイヤベガ、アグネスフライト、ネオユニヴァースがダービーを勝ち、種牡馬となってからも活躍馬を出す。ステイゴールドがオルフェーヴルやゴールドシップ、ネオユニヴァースがヴィクトワールピサ、ハーツクライがジャスタウェイ、ゴールドアリュールはダート血統の種牡馬を送り出した。直子の多くはすでに亡くなったり種牡馬を引退したりしているが、残っている種牡馬は今も毎年強い馬を送り出している。

私の厩舎からもゼンノロブロイが2004年の秋のGIを3連勝。引退後は種牡馬になってGI馬を出し、産駒のうちペルーサが種牡馬になった。ウインラディウスやキングストレイルも引退後は種牡馬になっている。その他バブルガムフェローや、牝馬のスティンガー、ダンスインザムードがGⅠを勝ってくれた。

そしてもちろんディープインパクト。自身の競走成績もさることながら、その子30頭以上がすでに種牡馬になり、キズナはすでにGⅠ馬も出した。私の厩舎でもグランアレグリアがGⅠを6勝もしてくれたし、スピルバーグやサトノアレスがGⅠ馬になっている。藤沢厩舎のGⅠ34勝のうち約半数がサンデーサイレンスの血を引いている馬だ。

他にはミスタープロスペクター、キングマンボという血を引く、ディープインパクトの1歳年上になるキングカメハメハ。3歳春の04年に1600mのNHKマイルカップ、2400mのダービーを勝つという偉業を成し遂げた。故障もあり3歳で引退、8戦7勝という成績を引っ提げて種牡馬になった。

優秀な成績を残したサンデーサイレンス牝馬の相手としても重用され、2010年にはなんと年間266頭もの種付けをしている。その産駒は20頭ほどが種牡馬になっており、その1頭ロードカナロアの子がすでに種牡馬になっている。そのうちの1頭サートゥルナーリアの子は、今年のセレクトセールで3億円という値を付けた。

前述のようにノーザンテーストには3頭しかいなかったし、トウショウボーイにはミスターシービーしかいなかったけれど、サンデーサイレンスやキングカメハメハには何十頭も後継者がいた。だからこそ「血統」をつくることができたのだ。

サンデーサイレンスのライバル種牡馬

サンデーサイレンスの1年前に供用が開始されたブライアンズタイムのことも忘れてはならない。アメリカではフロリダダービーとペガサスハンデという日本にはあまり名の知られていないGⅠしか勝っていなかったが、初年度産駒からいきなり三冠馬ナリタブライアンが出現。その後もサニーブライアンやタニノギムレットといったダービー馬の他、マヤノトップガンやシルクジャスティス、牝馬ではファレノプシスやチョウカイキャロル、さらにタイムパラドックスといったダート巧者までさまざまなタイプの子を送り出した。

父が当時の日本で活躍馬を多く出していたリアルシャダイと同じロベルトという馬。シンボリクリスエスの父クリスエスや、グラスワンダーの父シルヴァーホークなどを送り出しているといえば親近感があるだろうか。ロベルトのお父さんはサンデーサイレンスのお祖父さんと同じヘイルトゥリーズンで、さまざまな繁殖牝馬と配合できたのもよかったのだろう。サンデーサイレンス産駒の牝馬とも配合できた。

種牡馬としての現役生活は長く、1991年産のナリタブライアンから、2013年産のダンツプリウスまで、数多くの重賞勝ち馬を輩出した。藤沢厩舎ではシンボリクリスエスと同じ年のボールドブライアンという馬が東京新聞杯を勝ってくれている。

代表産駒の一頭マヤノトップガンは種牡馬としても重賞勝ち馬を送りだしたが、種牡馬になるような子は現れなかった。ダービー馬タニノギムレットは種牡馬としてダービー馬ウオッカの父となったが、種牡馬になるような牡馬に恵まれなかった。今では地方競馬の雄フリオーソが意外性のある産駒を送り出しているぐらいになってしまった。3頭のダービー馬以外にも皐月賞馬を2頭出しながら後継がいない。種牡馬をつくるのが難しいことを実感するしかない。

しかし、母の父としてはエスポワールシチー、ディーマジェスティなどの種牡馬の血統表にその名を残す。今年の高松宮記念を勝ったナランフレグの母もこの馬の産駒だ。

「勝つ馬」より「いい種牡馬」をつくる

私もある程度競馬で勝てるようになってからは、勝つ馬を育てるというよりも種牡馬になる馬をつくるということを考えるようになった。2009年に通算1000勝をあげた後、私を支えてくれた人々が記念のパーティを開いてくれたが、その時のスピーチでも、「勝つ馬よりも種牡馬になる馬をつくる」と宣言した。

そうすることで、馬に対する観察はより緻密になり、競走馬として結果を残し、何頭も種牡馬として第2の人生を歩ませることができたと思っている。重賞を勝った馬のほとんどは種牡馬になったはずだ。次第に種牡馬を送り出せるような種牡馬になってほしいと思いながら管理するようになっていった。

GIを4勝したシンボリクリスエスはエピファネイアというGI馬を出した。エピファネイアは母がスペシャルウィーク産駒のシーザリオという名牝で、その子にとってはサンデーサイレンスが4代前で、ディープインパクトの子などサンデーサイレンスの孫にあたる牝馬にも種付けができる。産まれてきた馬には父方にも母方にもサンデーサイレンスの血が入っていることになる。5代前までに同じ馬がいることをインブリードといい、その血脈の特徴を際立たせることがある。

そういうことで20年にデアリングタクトが三冠牝馬になり、エフフォーリアが21年の年度代表馬になった。この2頭とも母系にサンデーサイレンスが入っている。エフフォーリアは種牡馬になるだろうから、その子にもさらに期待が持てる。もちろんデアリングタクトが種牡馬になるような牡馬を生んでくれれば、さらに血統の幅は広がっていく。

やはり私の厩舎にいてダービーを勝ってくれたレイデオロは父がキングカメハメハで母の父がシンボリクリスエス。曽祖母はウインドインハーヘア、つまりディープインパクトのお母さんという超良血だが、血統表を見るとどこにも「サンデーサイレンス」の文字がない。産駒のデビューは来年だが、ここからも血統が広がっていく期待がある。

その他グラスワンダー、スクリーンヒーローの血を引くモーリス産駒もまだまだこれから。同じロベルト系でサンデーサイレンスのライバル種牡馬と言われたブライアンズタイムはナリタブライアンの後継馬がいないのが残念だが、まだ途切れたともいえない。

トウショウボーイと三冠馬ミスターシービーの流れは途絶えてしまったけれど、トウショウボーイの父テスコボーイはサクラユタカオーという子も出していて、サクラユタカオーはサクラバクシンオーを出し、その子ショウナンカンプ、ビッグアーサー、グランプリボスは種牡馬として頑張っている。何とかその血を残していけば、何代か後に開花することもあり得る。

2022年のダービー出走馬の父を見ると、ほとんどが日本の競馬で走っていた馬たちだ。GIをいくつも勝ったディープインパクトやキタサンブラック、ダイワメジャーがいれば、シルバーステートのように重賞を勝っていない馬まで多様。外国産種牡馬のドレフォンは、アメリカでダートの短距離で活躍していたが、日本の牝馬との間に生まれた子は芝も距離もこなしている。ダービーを勝った馬は間違いなく種牡馬になる。この種牡馬の多様さこそ、日本競馬の明るい未来を実感させてくれる。

種牡馬として成功する条件は何かと訊かれるととても難しい。現役時代の成績が抜群で、血統的によい馬が必ずしも種牡馬として成功するわけではない。しかし血統があまりよくないのに、種牡馬として成功したという例は稀だ。現役時代の成績よりも、やはり血統がものを言うのではないかと思う。

これはレースでも同じことで、たとえばデビューから何連勝もしてきた馬がいると、距離が延びても大丈夫だなんて言われて人気になりながら負けるケースが多々ある。で、冷静に考えると、やはりこの血統でこの距離は長かったってことはよくある。種牡馬として成功する馬は、血統背景がしっかりしていることが最低条件ではないだろうかと思う。

世界に通用する日本馬のスピード

これら近年の日本産種牡馬が心強いのは、日本のスピード競馬のなかで結果を出してきたこと。この資質は日本だけではなく世界に通用する。

後継馬が1頭しかいないということではないし、いい牧場でいい管理をするようになっている。血統がよければGIを勝っていなくても、種牡馬にしてみようという機運もある。牝馬も大事にされて、サンデーサイレンス産駒のムスメたちがこれからお母さんになっていくし、そのなかで繁殖牝馬としての評判がよくない系統が淘汰されつつ、いい系統は残っていくだろう。一方で、海外から速い血統の繁殖牝馬も輸入されるようになった。

今、本当に日本の血統が始まったと言っていい。

これから競馬を始める人も、血統は難しいなどと考える必要はない。ベテランの評論家なんかは昔の種牡馬の名前を持ち出して、長い距離が得意だとか、ダートがいいとか言ってるけれど、走る走らないは血統だけが要因ではない。なぜならお父さんもお母さんも同じなのに、成績がよかった馬とそうじゃない馬がいる。人間だって同じだろう。だからこのお父さんとこのお母さんの配合が走る走らないというのは一概には言えないのだ。

けれども血統を知っておくとレースを見ていて納得できることがたくさんある。そしてその子がどうなるだろうかとか、牝馬ならばどんな種牡馬に付けるといいだろうかなどと考えるのはとても楽しいことであり重要なこと。これからの競馬への期待が高まる。

私の調教師生活の最後の方でGIを6つも勝ってくれたグランアレグリアは今年エピファネイアを付けたという。来年、どんな子が産まれるのだろう。そして引退して、どんな子を送り出すのだろう……血統のことを知りたいと思えば、今レースに出ている馬の父の父、あるいは母の父の父ぐらいまでを把握していればいい。そしてこれから先、どう後継者をつくっていくかを見守ってほしいのだ。

サンデーサイレンスの初年度産駒のフジキセキが生まれたのが30年前。世界の血統は

300年以上前に始まったけれど、日本ではたかだか30年だから、本当に始まったばかり、難しいことなんか何もない。何より血統のことを知らないと、競馬の奥深さを味わうことができない。

ディープインパクトやキングカメハメハはもういないけれど、その子供たちが日本競馬を立派に支えていくはずだ。

凱旋門賞もアメリカ出身馬が活躍

1990年代にさかんに外国から馬が輸入されるようになり、NHKマイルカップが創設された。藤沢厩舎も開業した頃はいい日本馬が入ってこなくて、外国産馬に助けてもらった。出走表にも「マル外」なんて記されて外国産馬と分かるけれど、ひとくくりに「外国」といっても、ヨーロッパとアメリカじゃ全然違う。アメリカ産馬はおもにスピードに長けており、ヨーロッパ産馬はスタミナに優れている。

日本はイギリスの競馬を模範にしているからか、どうしてもヨーロッパの競馬こそ最高レベルだという思いがある。香港やドバイのGⅠを勝つ馬は出てきても、フランスの凱旋門賞やイギリスのキングジョージⅥ世&クイーンエリザベスステークスは、まだ一度も勝ったことがない。とくに凱旋門賞は、99年にエルコンドルパサーが、2010年にナカヤマフェスタが、12年と13年にオルフェーヴルが2着になっている。日本競馬界の悲願ともいわれており、「欧州特有の力のいる深い芝」を克服できないでいるように伝えられている。21年も凱旋門賞を勝っているバゴを父に持ち、日本でグランプリを3連勝もしたクロノジェネシスが挑戦したが、7着に敗れた。

長い伝統を持つヨーロッパ競馬こそ、世界最高の舞台だと考えられている。そのこと自体は間違いがないし、歴史あるレースが多いけれど、ヨーロッパの大きなレースで活躍している馬の多くはアメリカ産馬、あるいはアメリカ産馬を父や祖父に持つ馬なのだ。出走表では「所属」つまり管理している厩舎の国を書いてあるけれど、生産地や血統表を見れば分かる。

たとえばサドラーズウェルズはアイルランドの競走馬で、アイリッシュチャンピオンステークスなどを勝ち、種牡馬になってからは欧州で60頭ものGI馬を輩出して計17回もチャンピオンサイヤーになった。モンジューやガリレオといった子供たちが種牡馬として確固たる地位を築き、フランケルやケープブランコなどの孫の産駒も活躍している。「サドラーズウェルズ系」こそ、重厚なヨーロッパ血統の代表のようないわれ方をしている。

しかし誰もが知っているようにサドラーズウェルズの父はノーザンダンサー。つまり北アメリカの馬で、母もアメリカの馬だ。

サドラーズウェルズの子ガリレオはアイルランド産だが、お母さんのアーバンシーというのもアメリカ産まれ。フランスで調教され、牝馬ながら凱旋門賞を勝っている。つまりガリレオはヨーロッパで走った両親からヨーロッパ（アイルランド）で産まれ、ヨーロッパの大レースを勝つ馬を何頭も出しているけれど、両親も祖父母もすべてアメリカ産まれなのだ。

凱旋門賞はヨーロッパの馬しか勝っていないというけれど、それは所属している厩舎の国のことで、1980年代から90年代にかけて勝ったレインボウクエスト（父ブラッシンググルーム）、ダンシングブレーヴ（父リファール）、スアーブダンサー（父グリーンダンサー）、アーバンシー（父ミスワキ）、ラムタラ（父ニジンスキー）などはみんなアメリカ産まれだ。70年代にフランスで活躍したリファールもアメリカ産まれ。ヨーロッパのオーナーがアメリカのセリなどで買ってきた馬だ。

2021年の凱旋門賞出走馬を見ると、日本馬2頭も含めてそのルーツはすべてアメリカなのだ。22年のケンタッキーダービーの出走馬を見ても、ヨーロッパにルーツを持つ馬など1頭もいないことに気づく。

ファルブラヴ（アイルランド）やエリシオ（フランス）の父として有名なフェアリーキングは、サドラーズウェルズの1歳下の全弟で、やはりアメリカ産まれ。競走馬としての実績はないけれど、種牡馬としては結果を出した。

アメリカの馬というと、「ダート馬じゃないか」という先入観があるのではないだろうか。アメリカではダートの競馬が主流。イメージからすればパワー型が多いのではないかと考えられがちだが、それは間違いだ。アメリカのダートコースは日本の深い砂と違って、芝コースのような固い地盤の上を走る。そんなわけで、血が受け継がれるにつれてスピードが研《みが》かれる。

日本のマイル戦では今や、1分31秒台で走るのが当たり前になったが、欧州の芝のマイル戦をそんな時計で走る馬はいない。馬場が深いことは、馬の脚にはやさしいのだろうが、スピードを研いていくことはできない。

1998年に欧州のマイルGIジャック・ル・マロワ賞を勝ったタイキシャトルは「日本調教馬」だが、アメリカ産まれ。父のデヴィルズバッグは2歳時にアメリカのダート1400mを1分21秒という破格のタイムで勝っているし、その父ヘイローはサンデーサイレンスの父としても知られている。そんな血を受け継いでいるからこそ、ヨーロッパのマイルで通用するだろうと思って連れて行ったのだ。

日本調教馬として初めて欧州のGIを勝ったのは、残念ながら（笑）タイキシャトルの1週間前に、モーリス・ド・ギース賞を勝った森秀行厩舎のシーキングザパールだが、この馬も父シーキングザゴールドのアメリカ産馬。シーキングザゴールドの父は、今アメリカ血統の親分ともいえるミスタープロスペクターだ。

今「旬」を迎えている種牡馬の祖先

ミスタープロスペクターは1970年生まれ。現役時代の成績は14戦7勝で重賞勝ちはないが、種牡馬としては最も成功した。その子が走っただけではなく、多くが種牡馬として成功したということだ。以下ほんの一例をあげておく。

●ファピアノ（77年生まれ）　代表産駒はケンタッキーダービーやブリーダーズクラシックを勝ったアンブライドルド。アンブライドルドは種牡馬としてフロリダダービーなどを勝ったアンブライドルズソング、ベルモントステークスを勝ったエンパイアメーカーを輩出。アンブライドルズソングは日本に輸入されたダンカーク他、多くの種牡馬の父。エンパイアメーカーはパイオニアオブザナイルなど多くの活躍馬・種牡馬を送り出して日本にも輸入された。パイオニアオブザナイルの子が2015年のアメリカ三冠馬・アメリカンフェローで、日本でもカフェファラオがGIフェブラリーステークスを連覇している。

●フォーティナイナー（85年生まれ）　その子エンドスウィープはダートで活躍したサウスヴィグラスやGI3勝のスイープトウショウ、ラインクラフトやアドマイヤムーンといった活躍馬を輩出。スウェプトオーヴァーボードも輸入されて多くの活躍馬を出した。

●キングマンボ（90年生まれ）　現役時代はヨーロッパで活躍。引退後はスピードある繁殖牝馬を求めてアメリカに戻り、エルコンドルパサー、レモンドロップキッド、キングズベスト、ドバイデスティネーション、アルカセット、キングカメハメハなどを送り出す。キングカメハメハはルーラーシップ、ロードカナロアなどの父。

この他にも、ガルチ、マキャベリアン、シーキングザゴールド、スキャン、ゴーンウエスト、スマートストライク、スキャターザゴールド、ミスワキ、ウッドマンなど数えきれないほどの種牡馬の祖となっている。

もう一頭はやはりノーザンダンサーだろうか。カナダ産馬でケンタッキーダービーを制した。種牡馬となってからの産駒はイギリス三冠馬のニジンスキーやリファール、サドラーズウェルズなどヨーロッパでの活躍が目立った。日本で11年連続リーディングサイヤーになって、日本競馬に貢献したノーザンテーストもノーザンダンサーの子だということで輸入された。

サドラーズウェルズについては前述したように、各国ダービーや凱旋門賞などヨーロッパでの中・長距離レースでの活躍が目立つ。日本でも産駒オペラハウスが送り出したテイエムオペラオーやメイショウサムソンなど、重厚なイメージの馬が多い。

ダンチヒは競走生活が短かったが、種牡馬としてはアジュディケーティング、チーフズクラウン、グリーンデザート、デインヒルなどの活躍馬・種牡馬を輩出。日本に輸入されたなかでも、アグネスワールドがヨーロッパのスプリントGIを2勝するなど素晴らしいスピードを持っていた。藤沢厩舎でもマグナーテンがマイルの関屋記念から毎日王冠、アメリカジョッキークラブカップまで幅広い距離適性を見せてくれた。

ノーザンダンサー系ではストームバードの子ストームキャット産駒の活躍が目覚ましい。ダートやパワー型で、マイルまでの距離で好成績をあげている。ジャイアンツコーズウェイやヘネシーといった種牡馬の父で、今日本で活躍中のドレフォンの曽祖父でもある。また日本には繁殖牝馬としてその産駒が輸入され、特にディープインパクトとの相性がいいことでも知られており、ダノンキングリー、キズナ、ラヴズオンリーユー、サトノアラジン、エイシンヒカリなどの母の父として日本馬の血統表にしばしば登場している。その他ロードカナロアやメイショウボーラー、藤沢厩舎にいたレッドスパーダの母の父でもある。

血統についてはヨーロッパでの研究が進んでおり、アメリカの血統はしばらくブラッドストックとして認められていなかった。サラブレッドじゃないのではないか？　とさえ言われていたのだ。

ヨーロッパ血統といえば、日本でいえばカンパラの子トニービン、テスコボーイの子トウショウボーイやサクラユタカオーなどだ。トニービンの子ジャングルポケットや、サクラユタカオーの子サクラバクシンオーは、日本で種牡馬としてある程度結果を残したが、ヨーロッパではその後まったく後継種牡馬に恵まれず、今ではほとんど見られなくなっている。

第4章　「良血馬」の条件

母方の親戚筋で決まる

父親の系譜が「種」ならば、母親の系譜は「畑」だ。もちろん畑がよくなければいい作物は生まれない。父親というのはほとんどが現役時代に実績がある牡馬だが、母親のほうは現役時代に活躍していなくても、背負っている血統がものをいうことがある。残っているということは、先祖に活躍馬がいたということなのだ。最近の研究では母系にしか引き継がれない遺伝子があり、3、4世代後に活躍馬が出てくる可能性もあるのだという。

今レースに出ている馬の母方の一族にどんな馬がいるのか、どんなレースに出たのかといったことを知っていくとさらに面白い。自分なりに調べて、共通項や因縁を探し出したりするのも面白い。同じレースに3代続けて出走しているとか、あるいはお祖母さん同士がライバルで同じレースに出ていたとか、ある名馬の両親が現役時代に鎬《しのぎ》を削って戦ってきたとか、思わぬドラマを発見できる。

引退した後のことを考えるというのは牝馬でも同じこと。もちろん繁殖にあがった後のことばかり考えているわけではなく、日常的なことではあるけれど、とにかくいい状態で日々を過ごしてもらうことを考えていた。調教もビシビシやらないし、レースに出る数は少なくて、馬主さんやクラブの会員さんには評判が悪いけれど（笑）、馬は走っている時だけが人生（馬生）ではない。

1996年のクラシック世代にシンコウエルメスというアイルランド馬がいた。兄がイギリスのダービー馬ジェネラスという超良血馬。お父さんは大種牡馬サドラーズウェルズ。デビューは遅くて4歳（現3歳）4月の未勝利戦で5着だったけど、3ハロン35秒3であがってきたので能力の一端を見せてくれた。

ところが2戦目を目指して調教している時、アクシデントが起きた。トレセン内の診療所で診てもらったら、「手術をしても助かるかどうか分からない。普通なら安楽死をさせるケースです」という重度の骨折だった。こういった時、馬が苦しまないように、ということを考えるのだ。もちろん競走馬として再起することはまず難しいとの診断だった。

競走馬としての再起は難しいけれど、オーナーも私も命だけは何とかならないかと医師に食い下がって、大手術をしてもらった。難しい手術だったが、医師の見事な技術で手術は成功。競走馬の場合、むしろ術後のケアが肝要だが、担当厩務員は日々のルーティンをこなしながら面倒を見て、なんとか3か月後には北海道の牧場に旅立つことができた。牧場でお母さんになってほしいという願いがかなったのだ。

このシンコウエルメスが北海道で産んだ2頭の牝馬はうちの厩舎に来てくれた。1頭はサンデーサイレンスとの間に生まれたエルノヴァという牝馬で、エリザベス女王杯で3着になるなどオープン馬として頑張ってくれた。3600mのステイヤーズステークス（2着）や2200mのオールカマー（3着）など長いところで結果を出してくれた。

シンコウエルメスはもう1頭、ブライアンズタイムとの間にエルメスティアラという子を産んでいる。この馬も藤沢厩舎に入厩したけれど、弱いところがあったので、レースを使うことなく牧場にお返しした。競走馬としては芽が出なかったが、血統がいいので繁殖牝馬としては十分に可能性があると思ったからだ。

エルメスティアラはお母さんになって何年目かに、NHKマイルカップで5着に入るセイクレットレーヴを産み、さらに2013年に産んだディーマジェスティは皐月賞を勝った。ディーマジェスティは私の厩舎ではなかったけれど、これはとてもうれしかった。ディーマジェスティはその後種牡馬になって、昨年産駒がデビューして頑張っている。

シンコウエルメスは、英国ダービー馬の妹だということで、故郷に帰ってしまうのだが、03年の凱旋門賞を勝ったダラカニという馬を種付けされて、10年にスノーパインという牝馬を産む。このスノーパインが引退して初めて産んだ牡馬、つまりシンコウエルメスの孫がタワーオブロンドン。この馬も藤沢厩舎に来て、19年のスプリンターズステークスを勝ってくれた。

シンコウエルメスがけがをした1996年から四半世紀たっている。不思議な縁だと思う。血統はこうして後の世代に受け継いでいかなくてはならないとも思うのだ。

ダービー馬・レイデオロのルーツ

藤沢厩舎にいた1998年生まれのレディブロンドについては第1章でも少し触れた。レディブロンドの母はウインドインハーヘア、ディープインパクトのお母さんだ。ディープインパクトより4歳年上のお姉さんで、当時は外国で生まれてから日本に連れてこられた外国産馬、いわゆるマル外だ。少し弱いところがあって、この馬の将来のことを考えると、「とりあえずレースに使ってみるか」というわけにはいかず、デビューは5歳（現4歳）の6月までずれこんでしまった。

もはや未勝利戦には出られない。それでも力はあると思っていたから、いきなり函館の1000万条件特別、今の2勝クラスでデビューさせた。芝1200mのスピード競馬をハナ差勝ち。これで未勝利を脱出したので、次は500万条件を使って勝利。さらに1000万下を連勝、3か月で5回使い、10月のGIスプリンターズステークスを使ったところで引退させた。能力があるのは分かってもらえたし、繁殖牝馬として成功するためには、これ以上使うことはできないという判断だ。

レディブロンドは日本で競走を終えたら母の故郷アイルランドに帰ることになっていた。ところが、すでに検疫に入っていたのをオーナーが粘り強く交渉して、日本に残すことになった。私はてっきりヨーロッパに帰っていると思っていたのだ。

このレディブロンドとシンボリクリスエスとの間に生まれたのがラドラーダで、両親とも私の厩舎だったこともあって預かることになった。一口馬主のキャロットクラブの馬でクラシックにこそ間に合わなかったけれど、順調にオープンまで出世し、ヴィクトリアマイルにも出走した。ここではブエナビスタの13着だったが、その後は準オープン（3勝クラス）のレースでコンスタントに走ってくれた。引退してお母さんになり、最初の子ティソーナ（父ダイワメジャー）はマーガレットステークスを勝ってGⅠのNHKマイルカップにも出走し、6歳まで走ってくれた。

そして2番目にキングカメハメハとの間に産まれた子がレイデオロだ。レディブロンドが引退してから14年目の17年に、その孫が藤沢厩舎初のダービー馬となってくれたのだ。レディブロンドと出会っていなかったら、また、脚元の不安を抱えたまま早い時期にデビューさせて故障などさせていたら、私はダービー未勝利のまま調教師を引退していたかもしれない。

レイデオロは種牡馬となり、昨年初めての産駒が誕生した。サンデーサイレンス産駒の優秀な繁殖牝馬がたくさんいるので、種牡馬としていい子を出してくれるのではないだろうか。セレクトセールなどでは、何億という値がついているし、クラブの募集馬でも人気を集めている。来年のデビューが楽しみでならない。

大事に使えば、いつか厩舎に恩返しをしてくれるなどということを言いたいのではない。シンコウエルメスとレディブロンドの孫が、厩舎にGIタイトルをもたらしてくれたというのはあくまで結果論だし、そのために2頭の牝馬を大事にしたわけでもない。その時考えていたのは、いい血統馬は次代に残して血統の裾野を広げていかなければならないということだけだ。

レディブロンドはシンボリクリスエスの後、サンデーサイレンス系のスペシャルウィークやアグネスタキオンを付けたけれど、子供も孫もそれほど走らなかった。またラドラーダもキングカメハメハの他にダイワメジャーを付けている。結果論かもしれないけれど、サンデーサイレンス系を付けなかった馬がいい種牡馬になって、サンデー系の牝馬と付けられるようになった。これも牧場が先々を見据えて配合した結果だ。

もちろんたまに珍しい血統が入ってよくなることもあるかもしれない。ただ、その血統にふさわしくない種牡馬を付けてしまったがために、その血筋が途絶えたり、後世のマイナスになることもある。その子が走ればいいというだけではなく、将来に残っていく血統を配合していかなければならない。血統がよくて走る馬を産んだ繁殖牝馬がいたら、大事に大事に育てて配合相手も慎重に考え、その枝を広げなければならないのだと思う。

一頭の牝馬が歴史をつくる

もう一頭、藤沢厩舎に関係している偉大なる牝馬のことを話しておこう。

藤沢厩舎で初めてGⅠを勝ってくれたのはシンコウラブリイという牝馬。外国産馬で出られるレースが限られていたけれどマイルチャンピオンシップや、毎日王冠、スワンステークスなど15戦10勝という好成績をあげてくれた。

お母さんはハッピートレイルズというアイルランドの馬で、現役時代の調教中に放馬した時のトラウマのためレースで結果が出ないまま引退。最初にアメリカの種牡馬カーリアンとの間に産んだ子がシンコウラブリイだ。カーリアンはアメリカ生まれで、父ニジンスキー、その父は大種牡馬ノーザンダンサー。フランスダービーを勝ち、種牡馬になってからヨーロッパでは英国ダービー馬や凱旋門賞馬を出した。日本でもエルウェーウインやフサイチコンコルド、ビワハイジなどがGⅠを勝っている。

ハッピートレイルズの子はその後産んだ3頭も日本に輸入され、そのうちの1頭タイキマーシャルは藤沢厩舎で重賞も勝っている。その後今のノーザンファームがハッピートレイルズを買って日本に連れてきた。この購入について私は何も関わっていないし、また買い戻されそうになったというニュースも耳に入ってきていた。

このハッピートレイルズが日本で産んだ子や孫の多くが藤沢厩舎に来て、みなよく走ってくれた。1994年にノーザンテーストとの間に産まれた牝馬サンタフェトレイルが5勝。そのサンタフェトレイルにサンデーサイレンスを付けられて産まれたキングストレイルはセントライト記念など4勝。またハッピートレイルズとサンデーサイレンスの間に98年に産まれたハッピーパスは京都牝馬ステークスなど5勝をあげる。引退して産んだ子供8頭が藤沢厩舎の管理馬となったが、すべて3勝以上をあげてくれた。コディーノは重賞を勝ったし、ヴァンランディはオープン馬として今も武井亮厩舎に転厩して現役。また、ジネストラは騎手時代藤沢厩舎の調教を手伝ってくれていた鹿戸雄一調教師が管理して3勝している。

牝馬でもオープンまで出世してお母さんになったパストフォリアの子が2002年のフィリーズレビューを勝ったサブライムアンセム。12年産カービングパスの子も現役で活躍中。GⅡフローラステークスを勝った13年産チェッキーノの子は、今年の関東2歳勝ち馬第1号となったノッキングポイントだ。ハッピートレイルズという1頭の繁殖牝馬から活躍馬が次々と出てきている。

「良血馬」というのは、母方の親族が大きなレースを勝っていること。重賞やリステッド競走を勝つと、セリ名簿などでは太字のブラックタイプで記される。そういう実績馬がどれだけいるかが問われるのだ。

血統表の「ボトムライン」を辿る

すでに血が途絶えてしまった種牡馬がいると話したけれど、たとえばドゥラメンテとい

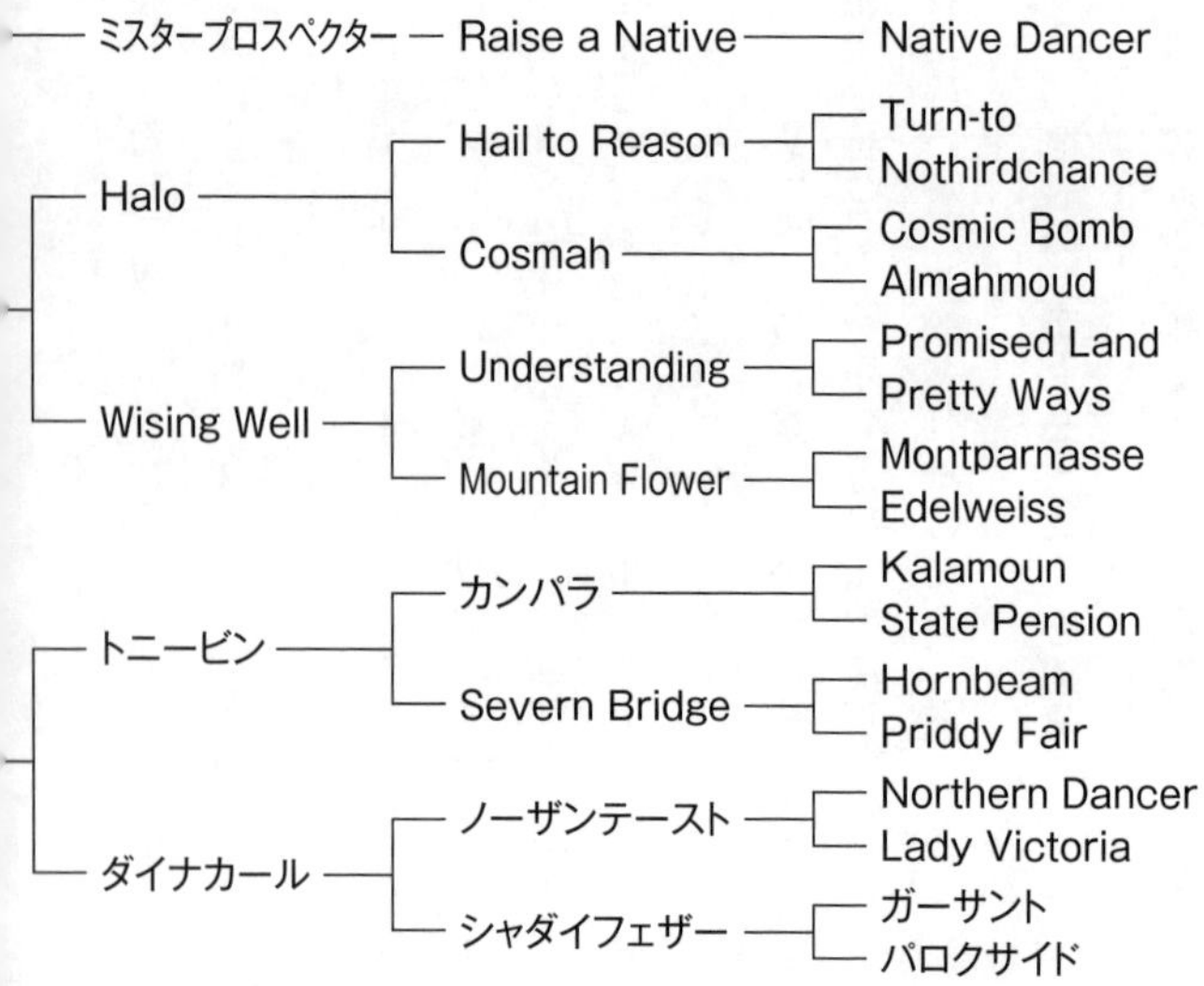

う種牡馬の血統を見てみよう。サイヤーラインとしてはキングカメハメハの後継種牡馬だが、血統表を見ていると、母親の祖先に錚々《そうそう》たる名馬の名前を見ることができる。

　血統表の一番下に並んでいる馬、これはすべて牝馬で「ボトムライン」といったりする。ここを辿っていくと4代前の母親にシャダイフェザーという名前が見える。オークスにも出走して引退後は、前述のノーザンテーストを種付けされ、生まれてきたのがダイナカール。彼女はオークスを勝ち、母になってからその後、活躍馬を産む牝馬

ドゥラメンテの血統

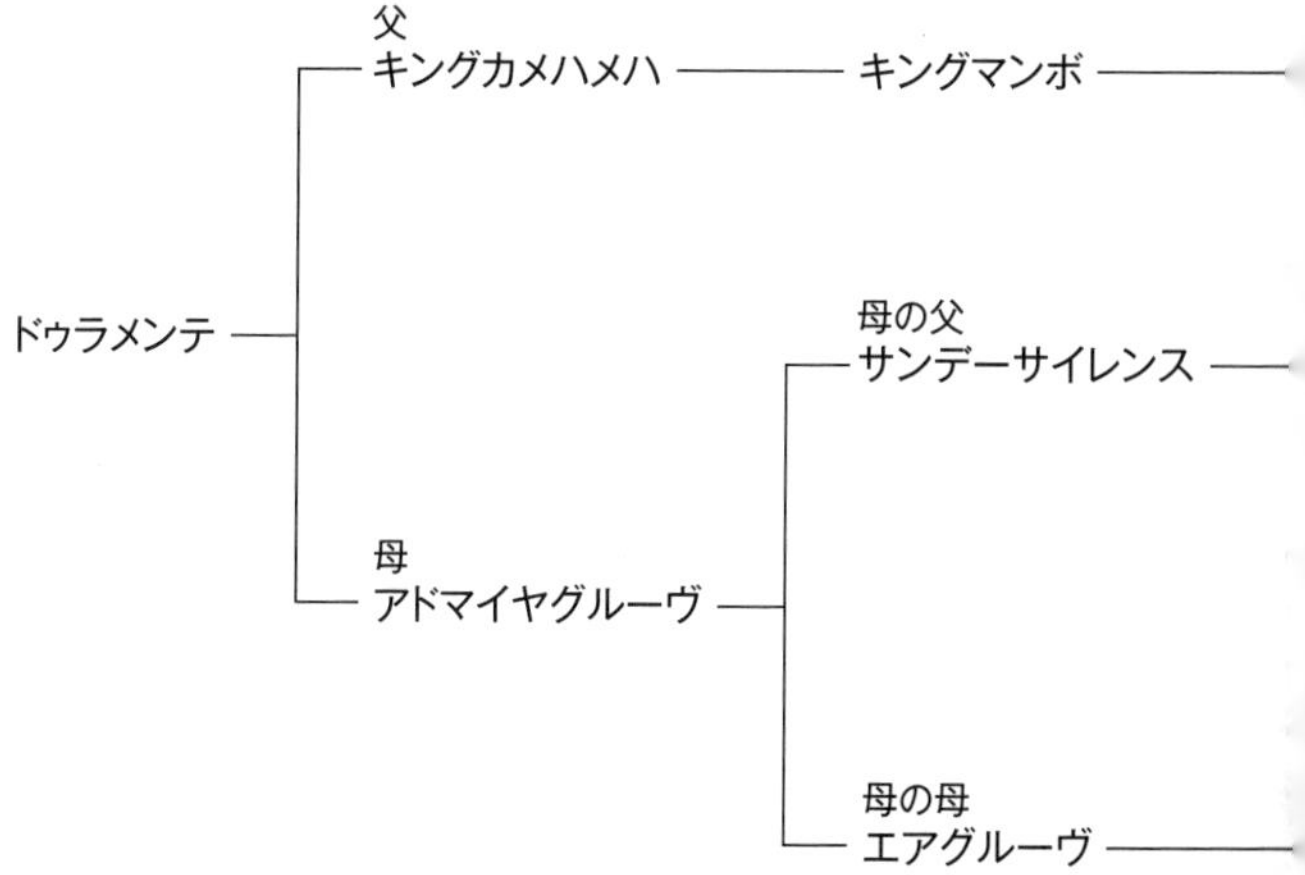

を何頭も出産、そのうちトニービンを付けられて産まれたのがエアグルーヴ。トニービンはウイニングチケットとジャングルポケットという2頭のダービー馬を送り出し後継種牡馬をつくった。

　ダイナカールとトニービンの間に産まれたエアグルーヴは、天皇賞・秋を勝って年度代表馬にも選出され、引退後サンデーサイレンスを種付けされてアドマイヤグルーヴを産んだ。ちなみにエアグルーヴは他にもルーラーシップなど種牡馬になる馬も産んでいる。アドマイヤグルーヴはGIエリザベス女王杯連覇など重賞5勝の名牝だ。

つまりドゥラメンテという種牡馬は単にキングカメハメハの子だということではなく、母親の〝実家〟が、ダイナカールから4代にわたってGⅠ馬を送りこんだという日本が誇るボトムラインを持っている。種牡馬は1年に200頭以上も産駒を送り出すことができるが、牝馬は1頭しか産むことができないので、これは凄いことなのだ。ドゥラメンテは残念ながら昨年の夏に急死したが、その子がすでにGⅠを勝っているので血がつながっていくだろう。

タイキシャトル、シンボリクリスエス、ゼンノロブロイなど藤沢厩舎の馬は種牡馬として成功している馬が多いと言われている。おかげさまで、それまでいい成績をあげられたおかげで、種牡馬になることを宿命づけられている血統のいい馬を預けてくださったからだ。

種牡馬能力は入厩後の調教や競走成績とは関係なく、持って生まれたモノではあるけれど、引退後のことも考えておかなければならない。

そういう馬は2歳戦から競馬を使うことができて、しかも故障していない。調教でいい時計を出さなくても走る。調教がいいのではなく、そんなに過激な調教をやらなくても結果は同じだ。本番前だからといって「猛時計」を出したりすると周囲は盛り上がるかもしれないけれど、そんな時計を出さなくても勝つ馬は勝つ。

そしてGIを勝てるようになり、いい成績をあげるようになってきた時は、これ以上走らせると種牡馬としてどうなのかということを考える。できるだけストレスの少ない状態で送り出したい。3歳で走ったらさっさと引退して種牡馬にしてしまうのがベスト。走ってもせいぜい4歳まで、古馬になって数を使った馬は種牡馬としてなかなか成功しないものだ。

途絶えた血統が母系から蘇る

第3章では日本で活躍して種牡馬になりながら、その子の活躍が今一つで後継種牡馬を輩出できずに途絶えてしまった血統についていくつか例をあげた。

ただし父系としては途絶えてしまったが、母系にその名を残して強い影響を与え続けることもある。ノーザンテースト系という血統は途絶えてしまったけれど、ダイワメジャーの母の父、つまりブルードメアサイヤー（BMS）はノーザンテースト。ダイワメジャーが活躍したのも、その子がＧＩ馬になったのも、ノーザンテーストの影響なしにはあり得ない。その他トーセンジョーダンやサクラバクシンオーの母の父もノーザンテーストだし、エアグルーヴの母ダイナカールもノーザンテースト産駒なので、ドゥラメンテの血統表にもその名を見ることができる。娘が活躍したり、いい子を産めばその父親の名は、血統表だけではなく、競馬新聞の出走表にもその名は記される。

同じようにスペシャルウィークの母の父はマルゼンスキー、ゴールドシップやオルフェーヴルの母の父はメジロマックイーン、今年から種牡馬になったクリソベリルの母の父はエルコンドルパサー。血統表にはしっかり名前を残している。

海外でもこういう例はある。オーストラリアは短距離の種牡馬が多いことで知られるが、そのルーツはどこにあるんだろうと思って調べてみた。すると一時期スターキングダムという種牡馬の子や孫が圧倒的に多いことが分かった。

たとえば今年のセレクトセールで４億５０００万円という最高価格で落札されたのは父モーリス母モシーンの牡馬だが、このモシーンというのがオーストラリア生まれで、１６００ｍから２５００ｍのＧＩを４勝もしていた。この馬の父がファストネットロックで、その産駒はヨーロッパでも多く活躍した。日本にも何頭か輸入されている。

またリダウツチョイスもオーストラリアの代表的な種牡馬で、その子スニッツェルと共にオーストラリアのリーディングサイヤーの1、2位になっている。

オーストラリアを代表するこれらの種牡馬の母系にはいずれもスターキングダムの名前が見られる。2005年に日本のスプリンターズステークスを勝ったサイレントウィットネスの4代母の父もスターキングダム産駒。この馬は1946年アイルランド生まれでオーストラリアに輸出され、子孫を繁栄させていた。長い間この系統の馬が幅を利かせていたのだ。

スターキングダムというのは遡っていくとハイペリオンという馬で、一昔前の血統の本には必ず登場してきた血統。ちなみにGIを25勝もしたオーストラリアの女傑ウィンクスにもハイペリオンの血が流れている。日本ではハイセイコーがこの馬のひ孫にあたるが、父系血統としては世界的にも衰退している。だが母系のなかに入ってサポート役を果たす血統もあるということだ。

第5章 「一口馬主」のススメ

「所有」ではなく「出資」という金融商品

ＪＲＡの規定では馬主資格を取得するためには資産が７５００万円以上、年収が１７００万円以上とハードルが高い。普通のサラリーマンで個人馬主になれる人はそうそういないというのが現実だ。たとえ規定ギリギリで馬主になっても、なかなかいい馬が買えるものでもない。

実業家として大成功を収めても、高い馬をずっと買い続けることもできないし、第一馬主として大儲けをした人というのも実はあまり聞いたことがない。事業として成功しているケースはあるが、あくまでも趣味としての楽しみ、あるいはタニマチとして競馬を応援してくれている結果だ。

馬をレースに出す側の視点に立ってみると、いろいろ見えてくることがあり、競馬はさらに面白くなると思う。騎手や調教師、助手や厩務員などは馬券が買えないが、馬主は買うことができるから、新たな買い方をするようになるかもしれない。

そこで「一口馬主」だ。日本独特のシステムとして一口馬主というものがある。宣伝をするわけではないが、競馬をやっている人で、もうちょっと馬と深く関わりたくて、少し懐に余裕があるならば、一口馬主クラブの会員になるのは有意義なことだと思う。

クラブの会員は馬を所有している馬主会社（オーナー）のファンドに出資することになる。1頭まるまる出資するのではなく、1頭を何口かに分け、その割合に応じて馬代金や預託料を負担し、勝てばその分の配当を得るというシステムで、その他会費や手数料も徴収される。馬主資格が必要ない代わりに「所有」ではなく「出資」をすることで「馬主のようなもの」となる。一口馬主と言ってはいるが、法律上は金融商品として扱われている。元本保証はないし、投資効率もけっしていいとはいえないだろう。馬の使い方について口出しすることはできないし、引退の判断などもできない。投資をシビアに考える人にしてみれば、気軽に手を出す気にはならないだろう。

ペーパーオーナーゲームでいいじゃないかという人がいるかもしれない。遊びとしてはいいだろうけれど、クラブ会員なら馬名などもつけられることがあるし、人数の制限はあるが愛馬が勝った時の記念写真に収まることもできる。クラブによってはGⅠを勝った時の祝賀会なども開かれる。

何より出資すれば「私の馬」だと胸を張って言っていいと思う。競馬を支えるうえでは実に素晴らしいアイディアだ。

大勢で一頭の馬を支える

2021年のJRA馬主ランキング（賞金順）は以下のようになっている。《 》内が一口馬主会員のクラブ名だ。

1　(有)サンデーレーシング《サンデーサラブレッドクラブ》
　グランアレグリア、クロノジェネシス、シャフリヤール、シュネルマイスターのGⅠ5勝を含む134勝

2　（有）キャロットファーム《キャロットクラブ》
エフフォーリア、レイパパレのGⅠ5勝を含む111勝
3　シルクレーシング《シルク・ホースクラブ》
ピクシーナイトのGⅠ勝ちを含む102勝
4　社台レースホース《社台サラブレッドクラブ》
GⅡ勝ちのギベオン、デゼルなどを含む97勝
5　金子真人ホールディングス
アカイトリノムスメ、ソダシのGⅠ2勝を含む44勝
6　ゴドルフィン
GⅢ勝ちのテリトーリアルを含む83勝
7　松本好雄
ジャンプGⅠ勝ちメイショウダッサイを含む63勝
8　（株）GⅠレーシング《GⅠサラブレッドクラブ》
GⅡ勝ちヴィクティファルス、セリフォスを含む58勝

9　(株)サラブレッドクラブ・ラフィアン《ラフィアンターフマンクラブ》
　　ユーバーレーベンのGI勝ちを含む41勝
10　(株)ダノックス
　　ダノンキングリーのGI勝ちを含む32勝

一口馬主の馬主会社が第4位までを独占、10位までに入ったオーナーのうち6つが多くの会員に支えられている馬主会社だ。5位の金子真人ホールディングスはディープインパクトとアパパネで牡牝のクラシック三冠を達成、ダービーを3回も勝った目利きのオーナー。ゴドルフィンはアラブの王族、松本好雄さんは「メイショウ〜」、ダノックスは「ダノン〜」の馬名で知られる大物オーナー。そういった名だたる方々より好成績をあげているクラブもあるのだ。

さらに20位までにはウインレーシングクラブ、東京サラブレッドクラブ、ノルマンディーオーナーズクラブ、ロードサラブレッドオーナーズと4つのクラブが関係する馬主会社がランクインしている。いまや日本の競馬に欠かせないものになっているのが分かるだろう。

クラブによっては1頭の馬を400人や500人（あるいはそれ以上）ぐらいで支えている。ということは、クラブの馬が勝った時は、それだけの人と喜びを分かち合えるわけで、それは素晴らしいことだ。個人の馬主だったら馬が勝って喜ぶのは本人と家族と馬券が当たった人ぐらいだけど。

なかなか勝てない馬でも、自分が出資して多少なりとも月々の飼い葉代を出していると思えばかわいくなってくる。レースに出るとなれば必ず競馬場へ行って、パドックにへばりついている会員さんも多い。

儲かるのかと聞かれると答えに困るし（笑）、私もクラブで高額な募集価格の馬を預かりながら勝てないことがあって、だいぶ迷惑をかけたけれど、会員さんを見ていると儲けることが目的じゃないのだと分かる。この一口馬主を「金儲け」と考えると、投資としてはあまりにもリスクが高いと思う。このクラブライフに嵌った人たちは、儲けなど二の次。自分が出資した馬の話を始めると際限なくしゃべり続けるし、勝てば子供のように喜ぶし、負けても馬を責めたりしないのだ。

自分の子供のことは「バカ息子」なんて言ったりするのに、出資馬のことはけっして悪く言ったりしない（笑）。そのうちに「勝てなくてもいい、無事に戻ってきてくれればいい」と思うようになる。こうなればもうこの世界から離れられない。競馬をより身近に感じ、自分も参加しているという実感を持つことで、より競馬を好きになったのだなと思う。

私も何度か会員さんとの祝賀会に出たけれど、いろいろな人がいて楽しい。スピーチを聞いているとＧＩを勝った馬に出資していることを誇らしげに語る人がいる反面、募集価格が高かった良血の馬に何頭も出資しているのに全然勝てないと愚痴る人がいる。スピーチが終わった時の拍手が多いのはもちろん後者（笑）。同じ思いをしている会員さんが多いということなのだろう。

「一口馬主」になって経験できること

一口馬主になることは、競馬への参加意識を持つだけではなく、馬を選ばなければならないからいろいろ調べることになる。株を買うためにその会社のことを細かく調べるのと同じで、両親の血統などさまざまなことを勉強しなければならない。毛色がきれいだとか、顔がかわいいだけでもいいけれど、やはり高いお金を出して夢を託すのなら、それなりの根拠が欲しい。

リスト(カタログ)を見るとさまざまなことが分かる。やはりリーディング上位の種牡馬の子は募集価格も高くなっている。ダービーという目標があるからか、牡馬の方が総じて高いけれど、お母さんの一族が走っていれば、牝馬でも高い値がついている。リストにはお母さんの一族でいい成績をあげた馬の名前が太字(ブラックタイプ)で出ている。お母さんのお母さんの子がダービーを勝っていれば、「近親にダービー馬」というわけだ。なかにはひいひいひいお祖母さんが何頭も重賞馬を出していたりもする。リストを見ているうちに「牝系」が大事だという意味やその広がり具合というものが理解できる。

最近では募集時にその馬がどこの厩舎に所属するのかも明記するようになった。募集価格の高い馬は、やはりリーディング上位に顔を出している厩舎に行くことになっているはずだ。また、昔ほどではないけれど、お母さんを管理した厩舎にその子やきょうだいが行くこともある。

カタログには、その馬のセールスポイントが書いてある、もちろん多くの人に申し込んではしいから、適距離は「マイルから2000m」とか「2400mまでなら」とおいしいことばかりが書いてある。兄姉がダートで結果を出していても「芝でも通用しそう」とか。「目標はクラシック」とか。それぐらいならまだいいけれど、大きく出て「目標は世界の舞台」なんてこともある。夢が大きいのはホースマンの常、牧場なんかでは当歳牡馬が何頭か戯れている放牧地を見て、「このなかで4頭ぐらいダービーに行けるかな」なんて言ったりするものだ。

期待感の他に現在の馬の状況として「放牧地ではいつも先頭を走っている」とか「人の言うことに従順」といったことも書かれている。つまりそういう馬が多くの馬主さんから期待されているということになる（なかなかその通りに成長しないものだけど）。

出資が決まると、インターネットなどで馬の成長が報告されてくる。夏の終わり頃になると人を乗せるための訓練が行なわれ、さらに騎乗訓練が始まる。カタログではこれ以上ないぐらい絶賛されていた馬だったはずなのに、成長するにしたがって「他の馬を怖がるところがある」とか「パワーが不足している」などと、ウィークポイントが顔を出してくる。牧場で大事にされて、自由気ままに生きていた頃とは違い、さまざまな要求をされるようになって、それぞれの個性が表に出てきたということだ。それでも、最近ではネットで調教風景なども公開しているので、「愛馬」の成長を感じられ、競馬場でのデビューが待ち遠しくなる。

年が明けて2歳になると、調教が進んでいる馬とそうでない馬がはっきりしてくる。春になれば早い馬はトレセンに入厩、ゲート試験に合格すればもう臨戦態勢だ。

デビューはメイクデビュー新馬戦。出てくる馬はみなレースに出るのが初めて。この日ばかりは大オーナーも、小学校の運動会に出る子供の親のようにそわそわしている。一口馬主でもこの「親心」は十分に味わうことができる。1着になれば、もう気分は来年のクラシックだろう。

近年では多くの名馬を輩出

かつて、いい馬は大物馬主がさっさと買って、クラブにはそれほどの馬は出てこないと言われた時期もあった。一口で募集されるのは実は問題ある馬ばかりではないかと思ってしまいそうだが、それは違う。

生産者としては特定の個人に売るよりは、より多くの人に出資してもらう方が毎年安定して馬が売れるのだ。クラブでは人気の馬はすぐに満口になってしまうわけで、実際に欲しがっている人はもっと多い。だから、そういう人たちもターゲットにして、翌年もいい馬を揃える。生産者の決める価格で売れるし、厩舎にとっても預託料がきちんと入ってくるから預かることに大きな問題はない。なかには「馬主の顔が見えない馬は預からない」などという調教師もいたが、今の時代、そんな悠長なことは言っていられない。何より競馬は長く長く受け継がれていかなければならない文化。一時的な景気に惑わされ高い値で売れることより、常に安定して売れることの方が大事なのだ。

たとえばオーナーランキング1位のサンデーレーシング＝サンデーサラブレッドクラブを見てみるとよく分かる。今年の1歳馬募集でいえば、GⅠを勝ったアエロリットやメジャーエンブレムなどの子、シュネルマイスターやシャフリヤールといったGⅠを勝った馬の弟妹、さらにアメリカのGⅠを勝った牝馬の子など、個人で取引したらいったいどれだけ値がつくだろうという馬がたくさんいた。社台サラブレッドクラブにしても、私の厩舎でGⅠを2つも勝ってくれたソウルスターリングの初めての子や、凱旋門賞を勝ったデインドリームの子がいる。

これらの馬はセレクトセールに出せば、ここでの募集価格以上の値がつくだろう。しかし、もし私が生産者だったら、大勢で1頭を持つような一口馬主クラブに買ってもらおうと考える。もちろん調教師だった頃はさまざまな馬主さんといい関係を築いていたが、いつまでもセレクトセールで高い馬を買い続けられるわけではない。会社でも大株主が牛耳っているよりも、支える人が多ければ多いほど安定するというのが原則だからだ。

また3位のシルク・ホースクラブでは、2次募集、3次募集として2歳馬の募集をすることがある。すでに牧場で調教している馬ならば、出資する方もそれほどリスクを負わなくても済むためか、どれも定数を大きく超える応募があって抽選になったという。牧場としても、1歳時は体質が弱くてインパクトに欠けていた馬が成長して逞しくなったことで募集に踏み切ったのだろう。

2022年のダービー。19年に産まれた約7000頭のうちたった18頭しか出られないレースに、一口クラブの馬が6頭も出ている。2着に入ったイクイノックスはシルク・ホースクラブの所属馬。総額4000万円を5000口に分け、1口あたり8万円で募集された馬だ。ダービーに出るのはとても大変なことで、あの大歓声の中で「私の馬」が走る感動は何物にも代え難いだろう。平成に入ってからではネオユニヴァース、オルフェーヴル、ディープブリランテ、ドゥラメンテ、レイデオロ、シャフリヤールがクラブ所属のダービー馬だった。

今年桜花賞とオークスの2冠に輝いた牝馬スターズオンアースは社台サラブレッドクラブの所属。この馬は藤沢厩舎にいたソウルスターリングの姉の子。総額2800万円（1口70万円）とそれほど高くなかったけれど、やっぱりお祖母さんがフランスオークス馬で血統がよかった。皐月賞を勝ったジオグリフ、安田記念を勝ったソングラインもサンデーサラブレッドクラブだ。

タイキシャトル、ロードカナロア、ジェンティルドンナといったJRAの顕彰馬がクラブ所属だし、アーモンドアイ、リスグラシュー、エフフォーリアといった最近の年度代表馬もクラブ所属だ。

私が勝ったJRAのGI34勝のうちでもクラブの馬が20勝と半数以上。なかでもグランアレグリアは、募集総額が7000万円と高額で1口が175万円で募集された。結果的にGIを6勝して10億円ほどの賞金を獲得。月々の維持費を差し引いても、会員さんはかなり儲かったはずだ。ただし、これだけの馬は何年かに1度現れるかどうかだということだけは念押ししておきたい（笑）。

ノーザンファームという後ろ盾

オーナーランキング3位までのクラブは、今日本の競馬をリードしているノーザンファームの生産馬を中心に募集されている。私もグランアレグリアやレイデオロなど重賞をたくさん勝たせてもらったけれど、ここの馬はクラブ募集馬に限らず馬に対するケアが素晴らしい。

セレクトセールなどでは落札価格がどんどん跳ね上がっていくけれど、それはただいい馬だということだけではない。

いい馬だけど走らない馬はたくさんいる。でも走らないと次から売れなくなるから、売った以上は走るところまで責任をもって対応してくれるのだ。人を乗せるための馴致《じゅんち》はもちろん、騎乗訓練もする。屋根付きのコースがあるから雪深い冬でも調教できる。これまでの牧場は売ったらそれまで、入厩するまでの育成場はご自分で探してくださいというところが多かった。

2歳になったら、やはりノーザンファームの育成牧場（外厩）に移動させる。外厩は関東なら福島県の天栄、関西なら信楽にあって、そこの施設も地形を利用した坂路コースなど、ある意味トレセン以上に素晴らしい。レースが終わってちょっと疲れが見えるなと思ったら、外厩に移動させて休養させることができるので、馬はリラックスできる。もちろん優秀なスタッフも揃っていて、細かく情報交換をしてくれる。

車だって電化製品だって、買った後に故障した時のアフターサービスが大事だけれど、それについてもしっかりフォローしているということだ。施設がしっかりしているだけではなく、スタッフも大勢いる。ただ仕事として面倒見ている人たちではなくて、将来は調教師になろう、調教助手になろうと真剣に考えて勉強している人たちばかり。

いい馬を扱ったことがないという人には任せられないでしょう。走る馬をつくるためには、人が一生懸命手をかけないとダメ。人手がないなんていう泣き言は許されない。それが企業努力というものだ。

管理する予定の若馬を牧場に見に行ったりすると、すぐに分かる。馬が暴れているのに手こずっていたり、厩舎の整理整頓ができていなかったりするところがある。それが馬にとってストレスになり飼い葉を食べなくなって太らなくなったり、つまらないことで事故になったりする。

いい牧場はそういうところまできちっとしている。すべては馬のことを考えて動いている。そういう牧場が、いい馬を一口馬主に用意しているのだから、もしもっと競馬と深く関わりたいと思ったら会員になってみるのもいいだろう。

広告塔みたいに宣伝のようなことばかり書いたけれど、儲けることより、競馬や馬を身近に感じたいという人には、いい選択肢だと思う。

第6章 日本の馬取引を考える

半年間じっくりと調教された2歳馬のセリ

2022年2月で調教師を引退した後、JRAからアドバイザーになってほしいと言われた。トークショーなどに出て、レースの解説やPRをするのも仕事だが、競馬催行の成功だけじゃなくて、もっと幅広く見てほしいとのこと。たとえば競馬学校では騎手を目指す生徒だけではなく、それより若い子供たちの育成もやっている。日本競馬全般の発展のために手を貸してほしいということでお手伝いさせてもらうことにした。

あまり知られていないことだが、JRAでは馬を生産しているし育ててもいる。アドバイザーの初仕事として、JRAが仕入れた馬をトレーニングして馬主さんに買ってもらうブリーズアップセールを視察した。まずはどういうふうに稼働しているのか把握することから始めたのだ。

日本では1月から5月ぐらいまでが競走馬の出産シーズン。夏頃までは童謡の『おうま』にあるように、やさしいお母さん馬が寄り添って大事に育てられる。そして夏には乳離れをし、母馬と離れ離れに暮らすようになり、昼夜放牧などで心身が鍛えられていく。とはいえ、まだ彼らは自分たちが大勢の人の前で競走をするために産まれてきたのだとは夢にも思っていない。牧場でもただただかわいがられ、しばらくの間大事に育てられていく。セリの1歳市場はこの時期。つまり人を乗せる騎乗馴致も、人を乗せて走る騎乗運動も始まっていない馬が売りに出されるのだ。

一方、JRAのブリーズアップセールというのは2歳馬のセリ市で、毎年4月下旬に中山競馬場で行なわれる。JRAが前年各地の1歳市場で購入、JRAの施設でJRAのスタッフによって育成された馬が上場される。セリで落札した馬だけでなくJRAの牧場で生産した馬も加わっている。生産・育成の研究や技術開発、さらにその成果を普及させ、日本競馬をレベルアップさせることが目的だ。このブリーズアップセールで売却された馬がデビューした後を見届けていくことで、研究の成果が試されるわけだ。

こうした2歳馬のセリは他に日高の軽種馬《けいしゅば》農業協同組合が主催する北海道トレーニングセールや、千葉県両総馬匹《りょうそうばひつ》農業協同組合が主催する千葉サラブレッドセールがある。

現在国内で生産されるサラブレッドは毎年およそ7000頭。そのうち30%ほどがセリ市場で取引されている。あとは付き合いのある馬主さんと牧場が直接取引(いわゆる「庭先取引」)をした馬や、馬主さんが自分の所有している繁殖牝馬を牧場に預託して産ませた子、あるいは自分の牧場で生産された馬の馬主となる(オーナーブリーダー)ケース。さらに、一口馬主といわれるクラブ会員によって支えられる馬たちだ。

「庭先取引」という名の慣習

かつては馬主資格を取って馬を買おうと思ってもいい馬になかなか巡り会うことはできなかった。

日本では生産者である牧場と、ベテラン調教師や馬主との直接取引がメインだった。一代で会社を築き上げて念願の馬主になっても、なかなか欲しい馬が買えない。若い調教師もある程度キャリアを積まなければ、牧場が相手にしてくれなかった。いつ売られたかも分からないし、馬の価格も公にならない。売る側と買う側が合意していればそれでいいということだった。

私が調教師になった時も「昔からの付き合い」が優先された。馬主さんの依頼で馬を買うことが多かったけれど、なかなか希望の馬を買うことができなかったものだ。当時人気でよく走ったトウショウボーイの子がもうすぐ産まれるという牧場に行ったけど、まだ馬も見ていないのに「藤沢さんは5番目ですね」と言われたことがある。あるいは、「あの馬は○○さんが買ってくれるかもしれないので、ちょっと待ってくれ」などと言われた。新人調教師だから舐められたのだ。血統がよくて丈夫そうな馬がいて、まだ買い手がついていないというから「3000万円で買います」と少し強気なことを言ったこともある。牧場主は困ったような顔をして「あの馬の兄が△△調教師に世話になっているので承諾を得ないといけない」という。しかし詳しく話を聞くと、その調教師とはまだ話すらしていない、馬が牡か牝かも知らせていないという。その調教師がいらないと言ったら売ってもいいというのだ。いったい誰の馬なのだと言いたくなった。

牧場にしてみれば、以前にも買ってくれた「お得意様」を大事にして、少し出来が悪くても毎年買ってもらいたいという思いがある。また生産馬をいい厩舎に所属させれば、生産者賞をもらえる可能性も高くなる。そういったことで新しいオーナーや調教師は、なかなかいい馬と巡り会うことができなかったのだ。

開業当初の藤沢厩舎に外国産馬が多かったのはそういう理由だ。

外国産馬に興味を持っている馬主さんが海外で買い付けてきた馬が多かったので、出走できないレースもあった。そんなジレンマはあったが、外国産馬が中心だった一口クラブの大樹ファームから、タイキシャトルやタイキブリザードが出てきた。これらは今でいう2歳馬募集。外国からわざわざ輸送してくるわけだから、しっかりした馬を揃えなければならなかったのだ。海外で調教されている馬の中から、走りそうもない馬や体質の弱そうな馬はふるいにかけられる。それでも残った馬だけを輸入することになり、募集にかけられた。新しいクラブだったので、1歳で血統のいい馬が売れたのはいいけれど、その後の育成がうまくいかなくてデビューできないなんてことは許されなかった。もっとも当時外国産馬はクラシックには出られなかったから、急ぐこともなかった。

当時の日高のセリはたまに評判馬が出て高値で取引されることが話題になることもあったが、とても活発とはいえず売却率も高くなかった。なにしろ血統のいい走りそうな馬は、すでに「庭先取引」で売れてしまっていて、買い手がついていない馬ばかりだったのだから。

売上高世界一「セレクトセール」の功罪

ある意味、前時代的な「庭先取引」という形態を大きく変化させたのはノーザンファームをはじめとする社台グループが音頭を取って1998年から始めたセレクトセールだ。サラブレッド流通の活性化を目的とし、上場される馬を厳選していることから「セレクト」で、キャリアの浅い馬主さんでもお金があればフェアな売買が可能になった。

今年も7月中旬、2日間にわたって行なわれ、例年以上の大盛況だったようだ。1日目が1歳馬のセリで上場されたのは233頭。うち222頭が落札され、その総額は128億7000万円。最高価格が4億5000万円、1億円以上の馬が25頭というから驚くしかない。セリ特有の熱気に煽られたこともあるだろうが、それだけいい馬を持ちたいという意欲があるということだ。

これまでこのセリで落札された馬60頭以上がGIを勝っている。高額落札馬ばかりではなく、ディープインパクトは7000万円だったし。凱旋門賞で2着になったナカヤマフェスタは1000万円だった。リーズナブルな価格でいい馬を探す、いわば相馬眼《そうまがん》が問われる場でもあった。

2日目は世界にも類を見ない当歳（0歳）馬のセリ。なにしろ生まれてまだ半年にも満たないかわいらしい仔馬に次から次へと高値がつけられる。今年も236頭が上場されて225頭が落札され、その総額は128億9250万円。最高3億2000万円をはじめ28頭が1億円以上。サートゥルナーリアやフィエールマンなどの初年度産駒も活発に取引された。

馬主さんにしてみれば、いい馬はとにかく人より早く手に入れておきたいという思いがある。いくら値がセリ上がっていこうが、欲しいものは欲しいのだろう。こんないい血統の馬を手に入れるチャンスはそうそうない、走らないわけがないと思い込んでしまうのは無理もない。セレクトセールにはそういった〝ブランド力〟がある。

一方、牧場にしてみれば、サラブレッドを生産したからには売れてなんぼ。早く売れれば、その維持費も今度は馬主さんの負担になる。普通の商品でも完成して倉庫に在庫を置いておくより、さっさと売ってしまいたいというものだ。

しかしデビューは早くても2年先。それまでどう成長していくか分からない。病気やけがに見舞われないとも限らない。そんなリスクが当歳市場にはある。

私も現役調教師時代は、馬主さんに馬を見てほしいと頼まれて毎年のように足を運んだ。馬産地での馬主さんや牧場の人々との意見交換は意義があるし、セリによる取引が当たり前になっていくのは大いに結構なことだと思うが、この当歳市場については、どこか割り切れないものがあった。

2歳市場のメリット

7月下旬には新ひだか町で1歳馬だけのセレクションセールが行なわれ、やはり53億円ほどを売り上げた。日高地方ではこの後サマーセール、セプテンバーセール、オータムセールなどがある。また青森や九州でも小規模ながらセリが行なわれている。

これらで上場される1歳馬は、見栄えこそ大人の馬と変わらないものの、前述のようにまだ人を乗せたことがなく、そのための訓練もしていない。売買の判断基準は血統と馬体、その馬の持っている雰囲気といったところだ。

JRAでは、翌年のブリーズアップセールに出すために目利きの職員がそれらのセリに出かけて行って、これはという馬を何頭か買ってくる。ただし落札価格が話題になるような何億円もするような馬を買うことはない。予算に限りがあるし、目的はあくまでも研究と、生産者や新規馬主をサポートするためだ。

だから、大馬主さんがセレクトセールで競り合ったり、社台グループのクラブで募集されたりするような血統のいい馬ではない。いい馬というのはセリではどんどん値が上がるし、牧場と馬主さんの庭先取引でも、当歳、1歳のうちに売買されている。ブリーズアップセールはそれでも売れ残ってしまいそうな馬を、JRAが買ってレースで使えるようにお膳立て（育成）をして買ってもらおうということだ。

その競走成績はお世辞にも素晴らしいとはいえない。2005年に始まってからこれまで、ブリーズアップセールで落札された馬がGIを勝ったのは08年の朝日杯フューチュリティステークスのセイウンワンダーただ1頭、重賞を勝ったのも10頭ほどだ。

落札価格の桁が違うので比較にはならないけれど、セレクトセール出身馬は２０２１年だけで重賞を25勝、GⅠを6つも勝っている。

まれに2歳になって変わってくる馬がいるけれど、これはというようないい血統の馬はいない。競馬へ行ってダメでも血統がよければ、牝馬なら繁殖でいい馬を出すかもしれないけれど、血統がよくないと、その可能性も低くなる。

それでも馬主さんはJRAがやっているのだからということで来てくれるし、かなり期待もする。「お墨付き」ということで、馬主になったばかりの人も安心感がある。

もちろん、1歳の頃はまだ頼りなかった馬が、トレーニングを積むことでよくなってくることはある。なにより取引される馬は2歳なので、早ければ6月からすぐに競馬に使える。当歳市場で買った馬は1歳4月から、1歳市場で買った馬は10日後から馬の維持費（預託料）を払わなければならないけれど、ブリーズアップセールで買えば、その期間が短くてすむ。

私はブリーズアップセール出身の馬を管理したことがなかった。アドバイザーになって今年上場された馬をじっくり見させてもらったが、とてもよく調教されていた。

職員のなかには地方競馬の騎手出身者などもいて、技術もしっかりしていてとても真面目に取り組んでいる。レポートも休むことなくきちっと書いてあるし、なにより馬のことをよく見ていると思った。もちろんこれですぐレースに出られるというわけではないけれど、あとは厩舎しだいだな、という冗談が出るぐらいよくできていた。セリのリザーブ価格（最初の価格）がリーズナブル。1年前のセリで落札した時より安い馬もいるぐらいだ。

新たに資格を取った馬主さんが勧められるままに1歳馬を買ったりすると、ずっと預託料を払ったけれど、やっぱりデビューできませんでしたなんてこともあり得る。このセールでは、セリの前に若手騎手などが乗ってゴール前で追われる姿まで見られる。この後事故などがない限り、デビューできないということはあり得ない。もともとがそれほど高い馬じゃないので大きいレースはどうか分からないけれど、丈夫である程度楽しめる馬はいる。中央競馬に出るレベルとしては及第点だ。

今年上場された70頭はすべて落札された。セレクトセールでも落札率100％とはいかないので大したものだが、取引総額は7億7902万円、1000万円以下の馬が半数以上だったから、新規の馬主さんにとってはいいセリだったと思う。

このセールにはすでに実績を積んでいる馬主さんも参加していたが、いい馬に目をつけて高値でも落札していたのはさすがだ。

競馬の発展に新しい馬主さんの存在は欠かせない。維持費はかかるし、いい馬は高い。でも馬主さんなしに競馬は施行できないのだ。

アメリカでは2歳市場が盛ん

ＪＲＡにはセリで馬を買う専門家がいるから、私がそこに関わることはないだろうけれど、馬主さんのニーズなども把握していろいろな馬を取り揃えていければということだろうか。１つ基本があるとすれば、ＪＲＡが購入して日本軽種馬協会に寄贈した種牡馬の子が何頭かいることだ。昔でいえばキョウエイマーチやキングへイローを出したダンシングブレーヴ、最近でいえばクロノジェネシスの父親だったバゴ。今年でいえば２０１３年英国のインターナショナルステークスを勝ったデクラレーションオブウォーなど。最高値の３５２０万円で落札されたのもこの馬の産駒だった。

でもデータをとるとやっぱりディープインパクトとかハーツクライとか、社台スタリオンステーションにいる種牡馬の産駒が毎年のように走るから、成績が出ていない種牡馬の子はなかなか売れない。だから、生産地対策ということも含めてJRAが購入し、育成して売る。それが日本のブリーズアップセールの現実だ。

アメリカでも昔はそうだったけれど、今は1歳で1億円もする馬を買って、自分の手元で育てて、2歳になってもっと高い値段で売るというようになっている。目利きがいい馬を買って、さらに鍛え上げて売る。ケンタッキーダービーに出るような馬でも、2歳のセリで落札された馬がたくさんいる。もちろん、日本にも入ってきている。2歳で買えばそれだけリスクが少ない。

馬主さんにとっては当歳で買って2年待つよりも、すぐ競馬ができる2歳馬を買った方がいいという考え方もある。先物買いをして当歳で買うか、ある程度競走能力が見えてきた2歳で買うか。この「2年」という歳月をどう見るかということ。1歳や当歳で買えばいい血統の馬は買えるかもしれないけれど、育成がうまくできないこともあれば、その間アクシデントや病気だってあるかもしれない。

アメリカの2歳セリで日本の馬主さんが買った馬も日本に来ている。特に資格を取ったばかりの馬主さんがアメリカまで出向いて買っているケースが多い。初めて馬主になる人は、仔馬を買って2年も待つよりは、トレーニングされた馬を買ってすぐ競馬ができた方がいいのだから。

海外では当歳馬の売買は少ない。2歳になれば馴致も終わって乗り運動をするわけだから、気性がいいか悪いかも分かってくる。だから、それまで待つ。ただ、家族だけでやっている小さな牧場の経営を考えると、早い時期に売ってしまいたいというのは致し方ない面もある。そういう牧場が、ずっと日本競馬を支えてきたのは確かなのだ。

第7章　新しいトレンドは「ダート」と「地方」

ダート競馬の地位が低い日本

　ＧＩレースの賞金を見ても分かるように日本の競馬は芝が中心。ダートはどうしても一枚下に見られている。クラシックが芝だからしょうがないのだが、馬主さんもやはり芝でデビューさせたい。緑のターフの上を疾走する愛馬を見たい気持ちはよく分かる。日本が模範とするヨーロッパの競馬もダートのレースというのはない。競馬場自体緑豊かな自然の中にあって、深い芝の美しいコースが印象的だろう。

　競馬じゃなくて、たとえばサッカーなどでも、中学校や高校のグラウンドはだいたい土のグラウンドだ。芝のグラウンドを持っているのは、よほどサッカーに力を入れている学校しかない。「隣の芝生」じゃないけど（笑）、草の上の方が上等な感じがすることは分かる。芝は維持するにも手間がかかるし、「緑のじゅうたん」みたいな言葉もあるし。

藤沢厩舎にしても1570勝のうち1100勝ほどが芝。今年1000勝を達成した国枝栄先生も3分の2は芝のレースだろう。それは日本の競馬が芝を中心に行なわれているからだ。

新馬戦や未勝利戦でダート1200mだったりすると、将来性云々というより、まずは勝ってくれればいい、という印象だ。先々距離を延ばしたり、芝でも走らせたりということではなく、切れる脚がないけど、元気がよくてスタートはいいから、とりあえずダート1200mでも使おうかって感じになってしまう。距離が延びてダートの1800mとか2100mになっても、馬体も立派でいい馬だけどスピードがないからここを使うしかないといったところ。ダート馬は寿命が長くて古豪なんていうけれど、それは脚元への負担も芝ほどきつくはないからずっとコンスタントに走れるというだけなんだ。

新馬戦の話題馬も芝の1600mとか2000mでデビューさせるばかりで、今日の新馬戦は？　なんだダートかということになってしまう。芝を使って結果が出なかった馬が

「ダート替わり」で結果を出すのは、芝を使ってきている馬の方が全体的にレベルが高いというだけなのだ。

だからアメリカ競馬がダート中心だというと、何か芝のコースをつくるとお金がかかるからつくらないようなイメージがあるけれど、それは日本人の考え違い。アメリカから種牡馬を買ってくると「ダートか？」と決めつけちゃう人が多いけれど、その思い込みも間違いだ。

そもそもダート馬だったら、ヨーロッパのホースマンはアメリカの馬なんか買うはずがない。でも実際は、アメリカからたくさん買っている。スピードがあるから買いに行く。逆に現役馬をのぞき、アメリカのホースマンがヨーロッパの深い芝に適した馬を買うことはほとんどない。

アメリカはダート競馬こそが主役

芝かダートかではなくスピードがあるかないか。サンデーサイレンスはダートしか走っていないけれど、日本で芝で走る馬をあんなに出した。ブライアンズタイムだってほとんどダートを走っていたけれど、日本ではサンデーサイレンスのライバルになる馬をたくさん出した。初年度から皐月賞馬を出したドレフォンだってそうだ。

では芝で走る子をたくさん出しているのに、なぜアメリカで芝のレースを使わなかったかといえば、単純な話でダート競馬の方が賞金が高いからだ。

たとえばチャーチルダウンズ競馬場のケンタッキーダービーは総賞金が300万ドル。同じ日に4歳以上で行なわれるターフクラシックステークスはGIだけど100万ドル。3冠目でベルモントパーク競馬場のベルモントステークスは150万ドルだけど、芝で行なわれる同日のマンハッタンステークスはその半分ほどだ。ブリーダーズカップにしても、一番賞金が高いのはダートのクラシックで600万ドルだけど、ターフは400万ドル。レース名でも芝のレースにわざわざ「ターフ」とついているケースが多い。今はチャンピオンズカップになったけれど、かつて「ジャパンカップダート」といっていた日本とはまるで考え方が逆だ。

競馬場も芝コースが内側でスタンドに近いのはダート。お客さんが一番真ん前で見られる文字通りの「砂かぶり」というわけだ。だからサンデーサイレンスやブライアンズタイムも芝を走らせる必要がなかったというだけだ。

種牡馬選択レースを勝ち抜く

ではなぜアメリカではダートレースの方がメインなのか。昔からそうだったという伝統的なものもあるのだろうが、私が思うにダートの方がフェアなレースができるからではないか。芝コースは開催が長くなると、どうしても内ラチ沿いが荒れてしまって、枠順によるメリットデメリットも大きくなる。雨が降ったり荒れたりした時も、芝に比べればダートの方が影響を受けない。

それでいてアメリカのコースはスタートして1コーナーまで近い。だからテンのスピードがある程度ないと好位につけないし、後ろから行くとどうしても砂をかぶるので外を回るようになって不利。だからとにかくスプリントでも通用するスピードがないと勝てない。最初は1200mとか1400mのレースを勝ち進んで、徐々に距離を延ばしてケンタッキーダービーに辿り着くという段階を踏むのだ。サンデーサイレンスだってデビューから4戦は1300mまでしか走っていない。5戦目で1700m、6戦目で1800mを走ってケンタッキーダービー（2000m）、プリークネスステークス（1900m）と勝ち続けた。もちろん3か月で6走もする体の強さもあった。アメリカの三冠レースが短期間に行なわれるのは、本当に強い馬を決めたいからなのだ。

状況はちょっと違うけれど、日本も昔は6月に1800mの新馬戦などなくて、1000mとか1200mばかりだった。シンボリルドルフもデビューは新潟の1000mだった。その次の2戦もマイルで4戦目の弥生賞からは2000m以上だった。そして秋の3000mの菊花賞まで8連勝、すごい馬だった。

ルドルフは短い距離でも楽に勝つことができたけれど、長い距離の新馬戦もなかったし、他の馬にスピードがなかったから勝てたのだ。3戦目など良馬場なのにマイルで1分40秒近くかかっていても勝てた。

今の馬は昔よりスピードのある馬が多くなった。いずれ長い距離を使おうとする馬は、短い距離を走らせるとどの馬もわーっと行って明らかにオーバーペースになってしまう。だからクラシックを狙う馬は大事に乗ることができる距離で使い出す。そうして3歳のうちに結果を出すように持っていく。やはり3歳で結果を出すことができる馬は丈夫だということで、種牡馬としても成功する確率が高い。

5、6歳で強くなった馬というのは、裏を返せば3歳時に体が弱かったということ。そういう馬は種牡馬になった時は、やっぱり若い時にいい競馬ができない馬しか出てこないことが多い。

アメリカの三冠は種牡馬選択レース。だから「クラシックがすべてじゃない」なんて言っていたかつての藤沢和雄厩舎は用がない（笑）。2歳3歳の時から健康でビューッと行くようなスピードが、厳しい淘汰の歴史のなかで子たちに受け継がれていく。

その馬自身が何度も走って賞金を稼ぐよりも、種牡馬になって種付けしてできた子が何頭も走って賞金を稼ぐ方が、ずっと儲かるだろう。社長が自ら働くよりも、大勢の社員に働いてもらった方が会社は大きくなるという単純なこと。日本みたいに「まだまだ走れるのに引退させるのが惜しい」なんてあまり言わない。そこが日本と欧米の差でもある。

ヨーロッパは競馬に「ステイタス」といったものを求めるけれど、アメリカでは純粋な投資。ヨーロッパのいい馬はオーナーブリーダーがなかなか売らない。自分の元に置いておきたいから血統がいい牝馬もあまり売らない。もちろん、いい子を出す種牡馬も売らないものなのだ。

アメリカのサラブレッドは投資対象で、何人かで共有して馬を持っていたりするから、これは高く売れると思うと売る。売って儲けてそのお金でまたいい馬を買ってというのがアメリカの競馬経済だ。ヨーロッパやアラブの金持ちは高い金を出せば買うことができる。ただし日本のように直接取引だと共有者の意見が一致することは難しいから全部セリ。共有者みなが納得できる公平な値段になる。

地方競馬場が盛り上がる「ダート三冠」

第2章で述べたように、2024年からは地方所属馬だけが出走できた南関東大井の羽田盃と東京ダービーが中央馬にも開放されて、ジャパンダートダービーを入れてダート三冠になる。

社台ファームやノーザンファームでは、すでに地方競馬での生き方を模索している。南関東（大井、川崎、船橋、浦和）を中心に、生産馬を多く走らせるようになっており、共有や一口馬主のシステムも構築されている。

1800mと2000mという距離のGIが短期間に行なわれるのがいい。ダートのGIを地方の土俵でやるのなら、そのレースに向けて中央馬がチャレンジしていくということになる。中央では力が足りないという馬を地方で走らせるのではなく、ダートからはじめる馬をつくって、スピードを研いていけばいい。芝のクラシック一辺倒である必要はない。使い出しからいろいろ考えていけばいい。そのために大井競馬場に慣れさせたいのなら、中央のオーナーも最初から南関東の厩舎に入れればいいだけのことだ。

少し残念なのは、これまで中央馬も参戦できていたジャパンダートダービーの開催がこれまでの7月から10月上旬に行なわれることになったこと（その際レース名も変更される予定）。「ダート三冠」というから、アメリカのケンタッキーダービー、プリークネスステークス、ベルモントステークスのように短期間に三冠レースが行なわれるかと思っていた。前述したように、3歳のこの時期にハードなレースをたくましく勝ち抜く馬を見てみたかった。今の日本の生産レベルなら、決して不可能ではない。

そんな馬が登場して、その子が芝でも走ったりしたら、日本競馬の将来はますます楽しくなる。芝レースのわき役ではなく、ダートのチャンピオンが主役になれば、さらに可能性は広がる。なにしろ古馬になってからのサウジカップは1着賞金が13億円にもなり、ドバイワールドカップも9億円ほど。芝で活躍した馬以上の壮大な賞金が未来に待ち構えているのだ。

南関東に限らず、ここまで生き残った地方競馬は、これからレース内容やファン層が多様化していくことで、さらにワクワクするようなイベントになっていくことだろう。もともと競馬場の規模や馬券の売り上げなんかは、欧米の普通の競馬場と同じかそれ以上だ。中央に先駆けて馬単馬券を発売したり、それでいて枠番連勝単式があったり、興行面ではナイター競馬を成功させてきた。

競馬の楽しみを知ったばかりの新しいファンも、土日だけの、しかも全国に10場しかない中央競馬だけではなく、各地に点在する個性豊かな競馬場を訪れてほしい。中央ではなかなか見られない種牡馬の産駒が頑張っていたりするのも楽しいし、かつて中央で走っていた懐かしい馬に出会うかもしれない。

ジョッキーに関しては、これまで何人もの地方ジョッキーが中央に移籍して好成績をあげてきたように、馬を操る技術では負けていない。中央以上にクセの強い馬を御し、決して広くない競馬場で毎日のようにレースに乗っているだけあって、コースの特徴を知り尽くしたホームグラウンドでより力を発揮しそうだ。賞金も安かったので何とかして勝ちたいというハングリー精神も強い。同様に技術習得にも貪欲な若い調教師も増えていて、私のところに研修に来たりもしていた。ことダートにおいては地方と中央の格差がなくなることになっても少しも驚かない。

お気に入りの地元の競馬場に通っているうちに、中央競馬では決して生まれないフランチャイズ意識も育まれ、馬をもっともっと身近な存在に感じるような風土ができていけば素晴らしい。

第8章　サラブレッドの本音

馬の所作には意味がある

サラブレッドだって我々と同じ動物、しかも哺乳類だ。ロボットのような走る機械ではなく「心」がある。これが競走をするにあたってけっこう厄介だ。スピードやスタミナは持って生まれた能力だけれど、それを生かすメンタルに関しては育った環境や出会った人間によって変わってくることがある。

初めてレースを迎える時は不安でいっぱい。プロ野球だって、ブルペンではコントロールがいいけれど、本番になって観衆が見ていると緊張して力を出し切れず、フォアボールばかり出してしまうような投手がいるだろう。馬だって同じで、何とか金儲けをしようという大勢の観客がじっと見守るパドックに出ていったりするのは怖くてしょうがない。

何回かレースを使っている馬だって、いままでのいやなことや辛いことを思い出して萎縮することがあるし、自分に自信がないと心配でそわそわする。それがパドックなんかのしぐさには出てくるけれど、何をどう表すかは馬それぞれだ。

首を上下に何度も大きく振っていたり、厩務員さんに擦り寄ったりするようなのは、不安で不安でしょうがないからなのだろう。厩舎スタッフはそれを見て、もう少し普段やさしくしてやらなきゃとか、「追い切りが強すぎたかな」とか考える。

騎手をふり落として放馬したりするのも同じ。馬は人間に意地悪しようとして落とすんじゃない。不安で怖くてそういう行動にでてしまうから、かわいそうなんだ。そういう不安を取りのぞくために、いろいろな経験をさせておかなくてはいけない。

パドックで私がニコニコして馬を撫でていたのは、不安そうにしている馬に「怖くないよ、大丈夫大丈夫」って言っていただけ。馬はいつも見ている顔だから「なんだお前か」って（笑）少し安心する。

一方、不安な気持ちをぐっと抑えて我慢する馬もいれば、「競馬なんて、なんてことないさ」と思ってゆったりとしているのもいる。やはり堂々としている馬は、おそらく走ることに対して体力の不安がないのだろう。もちろんスピードがあるかどうか、勝てるかどうかは別。「適当に走ってりゃいいや」という馬もいるかもしれないのだから（笑）。でもパドック解説などでよくいう「力を出せる状態」にはあるということ。ただしそれはあくまで状態のジャッジで、能力があるかどうかはパドックを見ただけでは分からない。

厩舎の人間は馬をレースに出すにあたっては万全を期するけれど、馬の方が「はいはい、分かりました、一生懸命走ります」っていう態度を見せながら、向こうを向いて舌を出しているかもしれない（笑）。まあ、そういう馬は見ていても分かるけれどね。

表現の仕方は1頭1頭違うので、パドックで見る時は気になる馬の所作をメモしておくとすごく役に立つと思う。「あれ、この前はおどおどしていたのに、今日はやけに堂々としているな」とか。少なくともメンタル面での成長はあると推測できる。その馬のことを知ろうとするというのはそういうことなのではないか。この仕事をしてきて、記憶力の勝負だなと思うことがよくある。

厩舎のスタッフが馬のすみずみまで手入れをするのは、ただ馬をきれいに見せるためではない。そうすることによって馬とスキンシップをはかることが大事だからだ。どれだけ人間の手で触ってあげられるかということ。それで「いつもと違う」ことが分かる。

パドックで厩舎の力が分かる

若い馬は好奇心も旺盛だ。だからパドックを周回していて、派手な洋服を着ていたり、傘を差していたりする人や、花を飾っていたりすると気になって立ち止まって見つめる。それを「物見をしている」と言ったりするけれど、それまで見たことがない新しいモノとの出会いだし、そのうちに慣れてくるから大目に見てやってほしい。

よくパドックの外側を大きくまわっている馬がいいというパドック解説を聞くけれど、あれは前を歩いている馬が遅くて追いついてしまうと、厩務員さんが引っ張りっこをしなければならないから外を回っているというだけ。前の馬がもっと速く歩けよってことだ。

それよりもリズムよくスムーズに歩いているかどうかを見てみるといい。日頃「歩き方」というものに気を使わず、リズムなど考えないで歩いていると、パドックでもそれが出てしまう。すっすっと軽やかに歩いている馬と、なんだかぎくしゃくした歩き方だったり、やたら別の動作が多くて遅くなったりする馬がいる。そんな馬は前の馬との間隔が開きすぎて、注意されたりするものだ。

もちろん、いろいろな性格の子がいるけれど、オーナーも応援に来てくれているし、ファンも大勢見ているのだから、パドックをきれいに歩けるようにするのは、厩舎の人間の務めだ。時に歩くのを嫌がって真ん中で佇んでいるような馬や、「止まれ」の合図があった時に騎手を乗せたくなくて、ぐるぐる回っているような馬もいるけれど、それは厩舎人としては恥ずかしいこと。

普段はきちっとしつけられていても、大勢が見つめるパドックに出るとできない馬がいる。それは慣れていくしかないんだけど、普段できていなかったり、教えられていないことが本番前のパドックでできるわけがない。それをしつけているかどうかで厩舎の力が分かる。リーディング上位厩舎の馬は、パドックでもきちっと歩いているはずだ。

だからもっと競馬を知りたければ、パドックは見ておくといい。調教師やスタッフも関係者といろいろ話しながら、視線はしっかり自分の厩舎の馬を見ているのだ。

馬はしゃべれないから、ケガをしても痛いと訴えることができない。だから厩舎の人間は馬のメッセージに敏感になっている。歩き方がおかしいとか、かばっているそぶりが見て分かるようならかなり重傷。走っている時、ちょとしたアクシデントなら馬も分からないでそのまま走り、後から痛くなるということもある。レース前の返し馬でも興奮状態で分からない時もあるけれど、ちゃんとしたジョッキーは乗っていればしっかり感じ取る。スタート前にジョッキーが申し出て馬体検査をすると、だいたい競走除外になる。あの感覚が厩舎スタッフにも必要だ。

藤沢厩舎は集団で調教を行なっていて、それがさも大発明のように誉められていたことがあったけれど、考えてみれば当たり前のこと。スタッフは自分が乗っている馬の様子を体で感じつつ、前を歩く僚馬のこともじっと観察しているのだ。人間だってひとりで練習するより、大勢でやった方が苦しさも多少まぎれるし、励まされることもあるだろう。他の選手の走り方を見て参考になることもある。それと同じことなのだ。

集団調教と同じようなことで、「馬なり調教」も藤沢厩舎独特の流儀のように言われている。私が調教助手だった頃の馬は重厚でタフな馬ばかりだったから、すごい調教をしないとダメだった。鈍感な馬ばかりで、全然進んでいかないから、もっと体をつくっておかないと、とてもじゃないけどレースでは走れなかった。昔はもっと向こう正面から追い始めていた。

ところが開業した頃から、馬はどんどん改良されてきた。スピードが全然違うから、ビシビシ調教する必要がないと思っただけだ。道中で追う必要なんかない、ゴール前でちょっと気合いをつけるぐらいでいいと思ったのだ。時計が出るからってレースの3日前に追ったりしたら、オーバーワークになってしまう。

すると今度は、ゴールを過ぎてからもなおスピードが出ている、すごい馬だなんて言われた。これも前半馬なりで行ってるから余力十分でまだまだ走れたというだけ。持ち上げてくれた人には申し訳ないけれど、馬のことをよく見ていて自然にそうなっただけなのだ。

デビュー前の馬はすべてが不安

デビューする時や初めての競馬場で走る時はスクーリングが必要だけど、最近はあまり重視しなくなった。昔は関西の馬が中山で走ろうという時は、関東の調教師に協力を仰いで事前に走らせたものだ。新潟でも現地に滞在していたけれど、今は高速道路もできたから前日ぐらいの輸送になった。馬の数も多くなったし、入厩退厩が忙しくなったからしょうがないのかもしれないけれど、普段美浦のトレーニングセンターで調教して、自分の家みたいな厩舎に帰ってくるはずが、車に乗せられて見知らぬ土地に連れて行かれれば、そわそわしてしまう。

北海道で使う時は2週間ぐらい前に連れて行って、毎日調教前にいろいろ見せてやる。馬は「ふーん、涼しくていいところじゃないか」と思っているかもしれないけれど、開催日になってお客さんが来ると、やはり落ち着かなくなる。

2歳戦なんていうのは人間でいえば幼稚園の運動会のようなもの。本来は牧場でも厩舎でも、もっともっとケアをしてやらなければいけないのだけど、早くから競馬に使いたいあまりにおざなりになる。もちろん手をかけなくても、強い馬は走るからというのもあるし、そういう馬も増えてきた。でも、馬は神経質だという割に、人手や時間をかけていない印象がある。

新馬は経験がないから一生懸命走りたがる。走ることで体ができて、体力がついてくる。走ることにフィットするということかもしれない。それはすごく大事で、走った時に「これは辛い」と思うと、次に競馬をする時に「またあんな苦しい思いをしなければいけないのか」とトラウマになってしまう。調教である程度走らせておけば、競馬に行って「毎日の調教より今日のほうがいいな」。そう思ってくれるようになると競馬が苦にならなくなる。そうすると自信もついてくる。

初めての時はパドックでおどおどしていたのが、1回競馬を経験してそれほど苦しくないと分かれば、堂々としている。何が始まるのかという不安がない、この後はそんなに苦しくないいんだと分かっているのだ。

逆に2回目3回目なのにまだおどおどしているってことは、体ができていないということなんだろう。まだ本人にはかわいそうな時期だ。それをこちらも考えてやらないとダメだ。

パドック解説なんかで「体ができている」なんて言うことがあるけれど、それは馬体を見ただけでは分からないもの。むしろ所作や素振りで分かると思う。

いろいろな「ふれあい」を経験して成長

見知らぬ人が近づいてきても怖がらないで、むしろすり寄っていくような馬はそれまで人間との信頼関係ができている。その分能力も発揮できるようになるはずだ。

昔もいいことばかりではなかった。厩舎に新聞記者が来たりすると「俺の馬に触るな！」とか「あぶないから近寄るな！」とか言っていたけれど、そんなのはおかしい。競走馬はそういうものではない。もちろん驚かせたりすると思わぬ動きをしたりするけれど、いろいろな人間が入れ代わり立ち代わり声をかけてあげればいいのだ。

そもそも生まれて半年もしないうちに離乳、つまりお母さんと引き離されてしまう。その時期は人間がどれだけ手をかけても、お母さんが恋しくて鳴く。お母さんがいなくて不安で食欲がなくなって、イライラして成長が止まってしまうかもしれない。だから、お母さんがいるうちから飼い葉も食べられるように準備して、そこから他の仔馬とか人間とかと信頼関係をつくっていく。場所が変わっても大丈夫だよ、人が触っても怖くないよって覚えさせていく。

お母さんと一緒の時も、いつも同じ放牧地に同じ親子といるんじゃなくて、様々な放牧地で違う親子と過ごしたりできるといい。牧場にしてみれば面積も必要だし、手間暇もかかるけれど大事なことだ。離乳してからも、いろいろな仲間と過ごすようになるといい。1歳になるとセリに出される馬もいるけれど、コンサイナーというセリに出す馬をトレーニングする業者がいる。パドックをちゃんと回らなければいけないし、異なった環境でもしっかり購買者にアピールしなければいけない。そこにはあちこちの牧場から1歳馬が何十頭も来て顔を合わせるし、いろいろな人からアドバイスをもらうから、馬として成長することができる。

放牧地を変える。世話をする人間を変える。仲間を変える。つまり「かわいい子には旅をさせろ」ということだ。

馬産地に行って牧場の柵越しに馬を見ていると、1歳馬が駆け寄ってきたりすることがある。それはちゃんと育っているってこと。いろんなことに興味があって、いろんなことを経験しながら成長していく。だからそんな時は驚かせたりしないでほしい。以前にタテガミを切ったなんていう事件があったけれど、そういうことをすると人間に対して恐怖心を持ってしまうようになる。

一口馬主で牧場のツアーに行った時なんか、話題の馬にはいろんな人が寄ってたかって触りに来るでしょう(笑)。あれは、馬にとってはとてもいいことなんだ。

牧場でどんな環境で、どんなケアをされていたかが大事。放牧地を変えたり、いろんな人が触ったりしながらも、しっかりトレーニングはしないといけない。特にゲートでのお行儀がよくない種牡馬の子なんかは、早いうちから調教しておかないと、入厩してからではやたら手がかかる。

2歳になって初めて厩舎に来た時、多くの人に触られてかわいがられてきた馬はすぐに分かる。

馬はレースをどう考えているのか

馬というのは本来人を威嚇するような動物じゃないから、仕草や動きを見ているだけでも楽しいもの。私も厩舎ではよく馬に「お前、何を考えてんだ?」「何が欲しいんだ」って自然に話しかけていた。人間とはすごく付き合いの長い動物だし、穏やかでやさしい。

パドックの前の方でジッと馬を見ていたりすると、時々自分の方を見ているんじゃないかと思うことがあるだろう。つぶらな瞳で見つめられるとぐっときて、単勝馬券をドンと買っちゃったりしたことがないだろうか。

ペットショップに行くと、そこで売られている犬や猫がジッとこちらを見て「買ってほしい」と訴えかけていたから買ってきちゃったっていう話をよく聞くけど、馬に関して言えばそれは大いなる勘違いだと思う（笑）。私も馬に何か訴えかけるように見つめられると、つい甘やかしたくなっちゃうことがあったけれど、馬はそんな思いは抱いていないようだ。誰かが馬房前を通った時に近づいてくるのは、だいたい「エサをくれよ」だろう。調教を終えて帰ってきた時は「早く帰りてーよ」（笑）。私をじっと見ているのは「また調教かよ」って文句を言っている。

「よしよし元気か？」って声をかけると馬はちゃんと私のことを分かってくれている。でも調教の指示をスタッフにあれこれ出すのを見ているから「余計なこと言ってんじゃねーよ」とか思っているんじゃないかな。

それでもニコニコして話しかけるようにしていたけれど、まさに「馬の耳に念仏」。

騎手を乗せて本馬場に入った時はやる気十分に見えるけれど、8割がたは早く終わらせたい。でもやらないと終わらないのが分かっている。だから競馬が成り立つ。早く終わらせたいから一生懸命走る。速く走らなきゃ怒られるというプレッシャーも感じている。そういうふうなトレーニングをしているのだから。

人間としては怒ったりしないで励ます感じだろうか。騎手にもよけいな指示を出したりプレッシャーをかけたりしないで「グッドラック」。馬には「楽しんでケガしないで走ってほしい」という気持ち。スポーツ選手がオリンピックに出る時に「楽しんできます」というように。でも本音としては本当に楽しんで走っているだけでは勝てないから、ちょっと苦しくなるぐらい走ってきてほしいのだけれど（笑）。

私は記者会見などで期待していますとか言われると「はい、頑張るように言っておきます」と返したけれど、あれは本当のこと。GIに行くような馬には「もうちょっと」頑張ってほしい。せっかくのGIなのに頑張らない奴もいるんだ。

そういう意味で馬は賢い。何度もレースに出ていると、競馬がどれぐらい辛いかも分かってくる。一生懸命走って苦しくなってきた時も、あとどれぐらいあるのかも分かっている。そのためにある程度鍛錬していないと頑張ることもできない。

馬にはプライドがある

最後の直線で差してくる馬は、なんとしてでも前の馬を抜いてみせるといった勢いがあるように見える。競り合いに勝つ馬も絶対に負けないぞといった気迫を感じるかもしれない。そういう馬を「勝負強い」とか言うけれど、調教がしっかりできて能力のある馬が競り合いに強いのは、相手の馬が煩わしくて前に出ようとするから。後ろの方にいた馬が直線だけでごぼう抜きというのも、騎手がそれまでしっかりセーブして、タイミングを見て全開にするから。ええい、面倒くさいから行くぞって。でもこのまま行けば勝てるなっていう時に、他の馬が横から来てちょっと先に出られたらやる気がなくなっちゃうものだ。

強い相手と競っていても「なにくそ!」なんて思っちゃいない。「あーあ、しょうがねえなー」ぐらい。後ろから来た馬にスーッと間を割られたりすると、「あー、もうムリムリ」って（笑）力を抜いてしまう。「俺様の前を走るんじゃねえ!」なんて気概はないと思う。

2頭が鼻面を併せて走っていると「こいつには負けたくない」と意地を張って競り合っているみたいに見えるけれど、鞍上のジョッキーがムチを入れたり追ったりするのを「いじめんなよ！」とか「痛いよ！」とか「分かったよ、走りゃいいんだろ！」とか思っている。

ぶつかり合って闘志をかき立てられたとか言うけれど、あれは前半力を使っていないから、そういう動きができるのだろう。馬は「なにくそ負けてたまるか」なんて思わないというか、思ってくれない。負けたことを残念だとも思っていない。

スペシャルな馬は負けた次のレースで盛り返したりするけれど、それは負けた時、たまたま調子が悪かったり運がなかっただけ。あいつにこの前負けたから、今度はやり返すぞなんて絶対思わない。スペシャルなくせに全然スペシャルじゃない（笑）。「ま、いっか」なんて思っているかもしれない。

いくぶんか「プライド」というのはあるけれど、それもどこまであるのか。確かにプライドがあるから、少しおだててやらなくてはダメだというのはある。もちろんスペシャルな馬ほどプライドは高い。

走り方とかを見て、この馬はスペシャルだと思って多くを期待してがっかりしたことは何度もある。「えっ？」ってびっくりしたこともしょっちゅう。

その能力がすぐ出なくて分からない馬もいるけれど、デビュー戦を見ればだいたいは分かる。掲示板にも載らなくて大口叩くのは恥ずかしいけれど、もう少しいい感じになりそうだなという馬もいる。でも、そういう馬がチャンピオンホースになることはほとんどない。近いところまではいくけれど、やっぱりここまでかというところ。チャンピオンになるような馬は、多少仕上がりが悪くても、全馬が初出走というデビュー戦でそう大きく負けたりしないものだ。

チャンピオンになれなかった馬は、やっぱり血統がもうひとつだったということなのではないかなと思う。

勝った時に何を思っているか

勝った馬は見ていても誇らしげに見える。でも、それは「どうだ、オレは強いだろう」というようなものではなくて、「よしっ、これで当分は走らなくていいな」といったところ。勝ったんだから、こんなきついことはしばらくやらなくていいというのは分かっている。

GⅠだと1頭だけ芝コースを悠々と帰ってくるけれど、内心は「やっと終わった。あー疲れた」。

一方、勝てなくて追い立てられるように地下馬道に入っていく時は「またきついレースを走らなきゃダメなのか」って。馬は自分の身に「危険」を感じるようなことにはすごく敏感だ。

レースを終えて戻ってきたら「よしよし、ご苦労さん」って声をかけるけれど、馬はきっと何も思っていない。それでもレースに勝ったり、指示通り走ったら誉めてあげてほしい。勝ってウイナーズサークルに連れてこられるのは馬にしてみれば面倒くさいかもしれないけれど、オーナーがニコニコしているし、調教師やスタッフや騎手も嬉しそう。

そして周りに来ている大勢の人が拍手をしてくれたりしている。そのこと自体は分かっていると思うのだ。勝ったのは人間のためではなく、自分が鍛えられたことを証明したかったのかもしれないけれど。

記念写真だからといって、一度外した鞍をまた付けてジョッキーが跨ったりするのは馬にとってはよけいなこと。レースが終わったんだから早く休ませてあげたいものだ。

仔馬のうちは自分の面倒を見てくれた人間の言うことをよくきくものだけど、ある程度成長してくると「我」みたいなものが出てくる。俺はこうするんだという意志が芽生えてくる。そうすると無理やりああしろこうしろと言ってもなかなか言うことをきかない。人間はそんな馬のメンタルを理解する必要がある。言うことをきかないからといって怒ったりすると、馬はますます人間に対する信頼を失っていく。

やっかいな馬の癖

今はセリなどでも明らかにするけれど、馬にはいくつか代表的な「癖」がある。たとえば「熊癖《ゆうへき》」といって、馬房の中で前脚を開いて左右に体をゆする癖。その名の通り熊がオリに閉じ込められるとイライラして、俺は外に出たいんだと体を動かす動作に似ている。子供の時にイライラする環境にあったり、時には他の馬がそうしているのを見て真似しているうちに癖になったりする。人間でいえば貧乏ゆすりに似ているだろうか。

これが癖になると蹄への体重のかかり方が極端になってしまう。馬はあの細い脚で重い体を支えているので、その圧力で爪が変形してしまったりする。

「さく癖」といって、上の歯を厩舎の馬栓棒や壁板などにあてて顎に力を入れて空気を飲み込む癖もある。多量の空気を飲み込むため病気になる可能性が高くなる。

「旋回癖」なんていう馬房の中をぐるぐるぐるぐる回る癖もある。やはり精神的なストレスが原因で、この癖があるといつも動いているものだから、飼い葉を食べてもなかなか体重が増えていかない。馬房の中が嫌で、外に出たいのかもしれない。

そういう癖がありながら勝つ馬もいるけれど、そのためには癖が影響しないように気を配らなくてはいけない。だからそんな癖はないに越したことはない。

お母さんと一緒にいる時は、そんな癖のつく馬はいない。生まれて半年ぐらいして親と離された後のケアが不十分だったりすると、そういった癖がついてしまう。

ジャパンカップが始まって一番びっくりしたのは、フランスから初めて日本という見知らぬ土地に来た馬がみんな落ち着いていること。ヒラヒラした洋服を着た女性が平気で馬を引いて歩いている。きっとその女性との間だけじゃなく、人間に対して小さい頃から信頼関係があったんだろうと思った。子供の頃に人間が近くにいれば怖くないと思わせているから落ち着いている。

セリの下見などで馬を歩かせてみてもらうのは、そういう意味がある。きちっと歩ける馬というのは、普段からそれを教えているし、馬を引いている人間を信頼しているということだ。競走馬として入厩しても、新たに出会った人間を信頼できる。

第9章　海外競馬の醍醐味

海外レース挑戦意識の変化

ここ2、3年はコロナ禍でなかなか思うようにいかなかったけど、2021年のブリーダーズカップやドバイやサウジアラビアで日本馬が大活躍したように、これからはどんどん世界に出ていくだろう。

かつては日本でGⅠを勝った馬が海外の競馬に挑戦するというパターンだったけれど、これからは日本で重賞を勝てなくても、馬場の状態や相手関係などをうまくリサーチすれば海外の重賞を勝てるようになる。日本のGⅠだけでは有力馬がバッティングするから、海外に散らしていくという考え方だ。スピード競馬で鍛えられた日本馬は海外で通用するし、スタッフも経験を積んで慣れていくはずだ。日本より海外の競馬場の方が合うという馬だって出てくるかもしれない。

マルシュロレーヌは日本の帝王賞では人気もなかったし8着だったけれど、アメリカのブリーダーズカップディスタフというGⅠを勝った。調整もうまくいったこともあるだろうし、馬場がこの馬に合ったこともあるのではないか。アメリカの牝馬ダート王を決めるレースを勝ったんだから素晴らしい。

ラヴズオンリーユーは日本のオークスを勝ったけど、アーモンドアイやラッキーライラックやソダシに負けていた。でも昨年はアメリカのブリーダーズカップ・フィリー&メアターフを勝った。アメリカの芝での牝馬ナンバーワンを決めるレースで、相手も強かったけれどしっかり勝ち切った。その他香港での勝利も合わせれば海外GⅠばかり3勝というから時代も変わったものだと思う。

ブリーダーズカップは私も1996年と97年にタイキブリザードで参戦して、力の差を痛感したレース。今後はそのなかでも最高峰のクラシック（ダート2000m）に挑戦してほしいと思う。

2019年になるけれど日本の秋華賞を勝ったディアドラという馬がヨーロッパに滞在して、海外のレースばかりを走った。イギリスのナッソーステークスというGIを勝ったし、強い馬が集まってくるチャンピオンステークスでも3着だった。日本に戻らないで香港に行ってまたヨーロッパへ戻る、ああいう使い方もあるのだと感心した。ヨーロッパはシーズンオフになると有力馬が遠征しないことも多い。そういう情報も得たうえで参加すればいいのだ。

ジャパンカップで06年以降日本馬ばかりが勝っていることから、「日本馬が強くなった」と言われているが、ジャパンカップは日本で行なわれているレースで地元の利があったことが大きい。やはり欧米に出て行って活躍してこそなのだ。ドバイにはヨーロッパやアメリカの本当に強い馬が集まってくることはないし、香港は日本から近いという利点があった。「日本馬が本当に強くなった」のを実感したのは、ここ数年のことだ。

逆に言えばドバイや香港で勝ったからといって、日本では楽に勝てるということもなくなった。森秀行厩舎のアグネスワールドなども海外のGIを2勝、どちらも強い勝ち方だったけれど、日本ではGIを勝てていない。最近ではエイシンヒカリも、香港カップとフランスのイスパーン賞で強い相手に勝って世界ランクで1位になったけれど、同じ年の天皇賞・秋で12着など日本のGIは勝てなかった。

日本競馬の賞金は世界でも高い方で、ヨーロッパなどのGIは日本の条件戦より安かったりする。ならば賞金が高い国内のレースを選んでいけばいいと思うが、レースによっては賞金以上に大事なものを得られることがある。日本では種牡馬になれなくても、海外からオファーが来るかもしれない。サラブレッドビジネスは日本より海外の方が遥かに貪欲だ。

凱旋門賞は世界最高峰のレースだが

今年もダービー馬ドウデュースや天皇賞・春と宝塚記念などGI3勝のタイトルホルダーなどが凱旋門賞に挑戦。今の時点で結果はどうなるか分からないが、ディープインパクトやオルフェーヴルなどの三冠馬が出かけて行っても勝ち切れなかった。スピードシンボリがこのレースに日本馬として初めて参戦したのが1969年だからまさに半世紀以上。これまでのべ28頭も参戦して2着が4回。そんなことで「日本馬にとっての悲願」と言われている。我こそは日本馬で最初に凱旋門賞を勝つんだと意気込むのも無理はない。

ジョッキーも厩舎も日本のトップクラス。早めに現地入りしたり、現地のジョッキーに騎乗依頼するなどして万全の態勢をとって臨んでいる。それでも日本であれほど強かった馬が、いいところなく敗れるのを何度も見た。

藤沢厩舎も早くから海外へ出て行ったけれど、凱旋門賞に参戦したことは一度もない。出たい気持ちがないわけではなかったけれど、藤沢厩舎はスピードタイプの馬が多かったので欧州のタフな2400mをこなせるとは思えなかった。凱旋門賞は欧州の深い芝をへこたれずに走れる馬でなくてはダメなのだ。

凱旋門賞を勝つ馬は確かにみな堂々たる馬体で〝いい馬〟であることは間違いない。日本馬が勝つ日もいずれは来ると思う。でも、日本馬がダービーなど春のGIを勝つたびに「秋は凱旋門賞へ挑戦！」などと盛り上がるのは、昔から日本人が持っているヨーロッパへの〝憧れ〟のように思えてならない。特にフランスという国への思いがあるのだろう。どこの街へ行っても「凱旋門」とか「シャンゼリゼ」といったネーミングのスナックやパチンコ店が多いじゃないか（笑）。

日本で凱旋門賞と並び称されるレースとしては、7月にイギリスで行なわれるキングジョージⅥ世&クイーンエリザベスステークスがある。日本からはこれまで6頭が参戦しているが、2006年ハーツクライの3着が最高。

今年はパイルドライヴァーという人気薄の馬が勝ったが、血統表を見てみると4代前にワージジブという種牡馬がいた。藤沢厩舎にもプレストシンボリという子がいて、3歳（当時4歳）の時に福島のラジオたんぱ杯（GⅢ）を勝たせてもらったけれど、その後はオープン特別を勝ったぐらいで、最後は障害を走らせた。丈夫でスタミナはあったけれど、日本向きの種牡馬とは思えなかった。

ヨーロッパでスピードのある馬は、春シーズンならプリンスオブウェールズステークスだろう。イギリス王室が主催するロイヤルアスコット開催という格式の高い伝統あるレースだ。2000年以降ではドバイミレニアムやファンタスティックライト、ウィジャボード、マンデュロといった勝ち馬の産駒が日本に入ってきている。

距離が2000m。日本ではこの時期2200m宝塚記念があるが、今年は昨年のダービー馬シャフリヤールが果敢に挑戦して4着だった。この時期のヨーロッパの馬場はそれほど重くないので、チャンスがあるかもしれないと思っていたが、やはり高低差のあるコースに苦しんだのだろう。ここでの競馬はいわばクロスカントリー。スピードを競うトラックレースとは異なり、今年の勝ち時計も2分7秒というものだった。シャフリヤールはドバイも日本ダービーも勝っているからスピードがあるし、そのうえここを勝ったらタフさも兼ね備えているのを証明できたけれど惜しかった。ここの勝ち馬はなかなか日本に売ってくれない。藤沢厩舎でも15年にスピルバーグで挑戦したが6着。エイシンヒカリなんかもいい馬だったけど、ここでは勝てなかった。

秋はまず9月に行なわれる2000mのアイリッシュチャンピオンステークスだろうか。2000年以降ではジャイアンツコーズウェイ、ファンタスティックライト、ハイシャパラルの他、この後凱旋門賞を勝ったディラントーマスやシーザスターズがいる。

凱旋門賞の2週間後にある2000mのチャンピオンステークスもいいレースだ。ここの勝ち馬はガリレオの子でソウルスターリングの父フランケルやニューアプローチ、そしてフランケルの子であるクラックスマンなど。

これらの勝ち馬はスピードもある種牡馬として注目されており、なかなか売ってくれないので日本に入ってくることはほとんどない。だからこそ、これら2000mのレースを勝つことに意味がある。帰国して日本で種牡馬になったら成功するだろう。その前に欧州で高い値で買われてしまうかもしれないけれど。

現代競馬の潮流にふさわしい海外レースはどれか

しかし現代競馬の最高峰はなんといってもダート2000mで行なわれるアメリカのケンタッキーダービーだろう。アメリカでは毎年2万頭ほどのサラブレッドが生産されるなかで最大目標となるレースだ。「ケンタッキー」とついているからローカルレースみたいだが、クラシック三冠のうちもっとも注目度が高い。今年はグリーンチャンネルでも中継されたが、その盛り上がり方はアメリカのスポーツイベントのなかでも一、二を争う。

ノーザンダンサー、セクレタリアト、シアトルスルーなど勝ち馬は競馬ファンなら誰でも知っている馬ばかり。そして日本競馬を大きく変えたサンデーサイレンスもこのレースの勝ち馬だ。今考えても、よくこの馬が日本に来てくれたものだと思う。その産駒が日本でクラシックを始め70回以上もGⅠを勝ち、13年連続してリーディングサイヤーについた。

日本からも出走することができるようになり、これまで4頭が出走したがマスターフェンサーの繰り上がり6着が最高。ダート2000mという舞台もあって勝ち負けになるような馬はそうそう出てこないだろうと思う。

これに続くプリークネスステークスやベルモントステークスもアメリカのスピード自慢が集まってくる。ベルモントステークスといえば、藤沢厩舎のカジノドライヴが前哨戦を勝ちながらレース当日に出走を取り消したことで知られているが、かつてはセクレタリアト、最近ではアメリカンファラオやジャスティファイなど種牡馬になってからの実績も目立つ。2400mという距離で行なわれるが、やはりスピード競馬であることに変わりはない。

海外進出、本当の意味

これら海外の注目レースの馬券は日本でも2016年から買えるようになった。それまでもグリーンチャンネルで生中継はやっていたけれど、やはり日本馬の応援という意味合いが強かった。でも馬券が買えるとなれば、日本馬を応援しているばかりというわけにはいかない（笑）。今はインターネットなど、手段も色々あるので、ジョッキーの実績や血統などを調べて参加すれば、より競馬が楽しくなるはずだ。

今、サッカーの世界でも若い選手がどんどん海外へ出ている。昔は海外挑戦するような選手はみな誰もが知っている日本代表のレギュラーで、海外移籍というと大騒ぎで、たとえ下位チームの試合でもテレビ中継があったりした。でも最近は、若いうちに海外のチームからスカウトされる選手が多くなって、代表経験のない選手だっている。行くのもイタリアやドイツばかりじゃなく、ベルギーとかポルトガルとかこれまで日本人にはなじみのなかった国のリーグだったりするし、なかにはトップリーグではなく2部、3部のチームにも出て行っている。

そこに行けば世界中から将来性のある選手が来ているから確実に鍛えられるし、日本にいては分からなかったものを得られるという。ギャランティも働きさえよければどんどん上がっていく。それでさらに大きなクラブに引き抜かれたりしているそうじゃないか。

だから馬だけじゃなく、騎手も海外へ行ってみてほしい。武豊君や蛯名正義君は日本でトップジョッキーになっても満足できずに、海外へ行って助手みたいなことまでやりながらだんだん認められて騎乗するようになった。だから日本に戻ってあれだけ勝てるようになった。

もちろん馬の場合、活躍すれば種牡馬や繁殖牝馬として海外でその血脈を残していくことになる。海外で種牡馬生活を送っている日本馬は何頭もいるし、その子が日本に逆輸入されていたりもする。サラブレッドの素晴らしいところは、その血統がすべて記録に残されていて確認できること。つまり世界中どこへ行っても通用するのが「血統」なのだ。

終章　あとがきにかえて

世界的に見ても日本の馬はスピードがある。これは間違いない事実。今世紀に入ってからドバイや香港で勝つようになり、ジャパンカップなどで勝ち続けているから日本馬が強くなったと言われるが、むしろ「速くなった」というのが正しい。

これまで知らなかった外国馬相手に走るというのは、サッカーやラグビーのワールドカップのように盛り上がる。日本人は島国で育っているから野球の大谷翔平選手を応援するように、日本馬を応援する。

異国の地のクラシックを勝つような馬も出てくるだろう。もちろん悲願と言われる凱旋門賞を勝っても全然不思議はない。日本で１６００ｍや２０００ｍを勝ってきた種牡馬の産駒が距離を延ばして２４００ｍを勝つことだってあると思う。

時期は重なるけれどエプソムの2400m、英国ダービーに挑戦する馬も出てくるだろうし、ダート馬じゃなくてもケンタッキーダービーを目指すようになる。それにふさわしいバックボーンを持っている血統馬がたくさんいる。日本ダービーでいいじゃないかと考える馬主さんは多いかもしれない。でも、ノースヒルズの前田幸治さんなんかは、日本ダービーを3回も勝っているからかもしれないけれど、日本より海外のダービーにふさわしいのなら持って行こうという感じがある。

勝つのが難しいヨーロッパやアメリカのレースはまだまだたくさんある。

私が海外への道を開いたとか言われているけれど、当時は行く回数が少なくて手探り状態だった。しかも海外遠征するとなると、日の丸を背負って日本の代表として行くんだみたいな立場に置かれた。もちろん検疫をどうするとか、馬を輸送するのも大騒ぎだった。

でも当時から馬はへいちゃらだった。タイキシャトルの時も周りは大騒ぎだったけれど、馬自体は「今度はフランスに行くけれど、ぼくはこの前までアメリカにいたからね」という感じだった。実は人間の方が気負っているだけだったんだ。メディアも大騒ぎで特集を組んでくれたりしたけれど、今はそんなに肩に力を入れることはなくなった。

今の若いホースマンは海外の競馬に挑戦するなんて特別なこととは思っていない。福島に行くか、札幌に行くか、それともドバイにするかという感じだ。成田まで馬を持って行けばすべて専門家がやってくれて、人間は別の飛行機で行けばいいんだから。

海外でも日本の馬にどんどん来てほしいと思っている。現地での検疫なんかも親切にレクチャーしてくれる。ケンタッキーダービーの出走権が日本のレースで獲れるんだから、結果はともかくとしてすごいことだ。

これはもちろんＪＲＡが海外競馬の馬券を発売することになったのが大きい。なにしろ日本は世界一馬券が売れる国だ。２０２１年の馬券の売り上げは3兆円を突破しており、その25％ほどが主催者に入ってきて開催費用や賞金、さらに国庫納付金にあてられている。有馬記念のように１レースで４００億円も売れることなど海外ではあり得ない。

昨年クロノジェネシスとディープボンドが出走した凱旋門賞では日本馬の応援馬券もあって過去最高の53億円を売り上げた。ＪＲＡにしてみれば競馬を開催する費用をかけずに馬券が売れる。向こうの国にしてみても、売り上げの何％かが入ってくる。これほど両者がウインウインなことはない。世界最高峰と言われる凱旋門賞に、日本馬が2頭も3頭も出られるのはそれだけ馬券が売れるからだと思う。

ファンだってただ中継を見ているだけよりは、馬券を買っている方がワクワクするだろう。日本馬が勝って馬券が当たれば喜びも倍増するというものだ。

だから海外にどんどん遠征してください、日本馬どんどん来てくださいというのも当然だ。日本馬の応援に出かけて行って現地で馬券を買うファンだってけっこういる。ＪＲＡはそのお金で、海外遠征する馬のサポートをしっかりやってもらいたいと思う。

これからは私も一ファンとして海外で走る日本馬を応援していきたい。日本で生まれた馬だけではなく、たとえばアメリカで生まれて日本にやってきた馬が、再びアメリカに渡ってビッグタイトルを獲るのを見てみたい。そうすればアメリカにいるお母さんや親族にも注目が集まる。

日本馬が海外で勝てば、そのまま現地で種牡馬になってほしいというオーダーがあるかもしれない。日本にルーツのある馬の子孫が世界各地で繁栄していく時代がきっと来ると信じている。

もちろん日本の競馬も楽しみだ。

これから年末までは毎週のようにGIレースが行なわれる。5月までは4歳以上と3歳馬は別々のレースを走っていたが、これからは同じレースで競うことになる。

今は6月にデビューして勝った2歳馬が、夏さらに鍛えて強くなって秋に戻ってくる。私が開業した頃にくらべれば、馬の成長は半年近く早い。だから強い3歳馬も菊花賞ではなく、昨年のエフフォーリアのように天皇賞・秋を使う馬が増えてきた。距離適性というのもあるけれど、年上の馬と早い時期に勝負して力を確認したいのだ。

こういった世代間競走が秋競馬の醍醐味。その分馬券検討は難しいだろうが、緊張感あふれるレースは見ているだけでも十分楽しいはずだ。そして世界中どこでも通用する高いレベルのレースだ。

藤沢和雄

2022年9月

※本文中の記録、戦績などは２０２２年8月31日現在のものです。

構成　山田義知
編集　新里健太郎
協力　野村美佐枝

藤沢和雄［ふじさわ・かずお］

1951年9月北海道生まれ。調教助手時代に野平祐二厩舎でシンボリルドルフなどに関わり、87年に調教師免許を取得して88年に開業。93年マイルチャンピオンシップでGＩ初勝利、以後JRAのGＩを34勝など重賞は126勝。98年にはタイキシャトルでフランスのG1ジャック・ル・マロワ賞を勝つ。リーディングトレーナーになること14回。通算1570勝は歴代2位。2022年3月の勇退後はJRAアドバイザーとして競馬の発展に尽力。6月にはJRAの顕彰者に選出され殿堂入りした。現役時代の管理馬は他にバブルガムフェロー、シンボリクリスエス、ゼンノロブロイ、ダンスインザムード、ソウルスターリング、レイデオロ、グランアレグリアなど。

これからの競馬の話をしよう

二〇二二年 十月四日 初版第一刷発行

著者 藤沢和雄
発行人 鈴木崇司
発行所 株式会社小学館
〒一〇一－八〇〇一 東京都千代田区一ツ橋二ノ三ノ一
電話 編集：〇三－三二三〇－五九六一
販売：〇三－五二八一－三五五五

印刷・製本 中央精版印刷株式会社
本文DTP ためのり企画

Printed in Japan ISBN978-4-09-825426-2